A DIVINA EUCARISTIA

– 2013 –

Nota explicativa

No início da terceira edição da presente coleção de uma parte dos Escritos e Sermões de São Pedro Julião Eymard, achamos por bem acrescentar um trecho do Prefácio à segunda edição francesa, feito pelo Reverendíssimo Padre Alberto Tesnière, Sacerdote Sacramentino que organizou esta Obra:

"O Reverendíssimo Padre Eymard deixou numerosas notas manuscritas sobre o Santíssimo Sacramento, notas que eram o fruto de suas orações e que serviam de base às suas pregações. Fazia o que ensinava; pregava como orava e aquilo que dissera a Nosso Senhor na intimidade do coração, repetia-o em alta voz para maior edificação e instrução dos seus auditores.

As notas estão tais quais no-las deixou o Padre Eymard. Apenas lhe acrescentamos, cá e lá, algumas modificações de estilo.

Às vezes, também, mudando a forma, pomos na boca do fiel se dirigindo a Nosso Senhor aquilo que o Padre dizia aos ouvintes.

Às meditações extraídas das notas do Padre Eymard ajuntamos algumas que foram recolhidas enquanto falava. Tal fonte não é nem menos pura, nem menos autêntica que a outra. O Padre Eymard lendo essas notas tomadas sob seu ditado, nelas reconheceu seu pensamento, sua mesma expressão. Eis a origem deste pequeno livro (e desta inteira coleção)."

Nihil obstat
Rio de Janeiro, 30 de maio de 1932

P. Tito Zazza, S.S.S.
Superior dos PP. Sacramentinos

Imprimatur
Por comissão especial do Exmo. e Revmo. Sr. Bispo de Niterói, D. José Pereira Alves
Petrópolis, 31 de maio de 1932

Frei Oswaldo Schlenger, O.F.M.

A DIVINA EUCARISTIA

Extratos dos Escritos e Sermões
de
SÃO PEDRO JULIÃO EYMARD

Fundador da Congregação do Santíssimo Sacramento
e das Servas do Santíssimo Sacramento

Tradução do Francês
de
Mariana Nabuco

3ª edição

Volume 5
(A Eucaristia e a vida cristã)

Fons Sapientiae

Distribuidora Loyola de Livros Ltda.
Rua Lopes Coutinho, 74 - Belenzinho
03054-010 São Paulo
Tel.: (11) 3322-0100
www.distribuidoraloyola.com.br

Visite nossas livrarias

Loja Senador
Rua Senador Feijó, 120 - Centro
01006-000 São Paulo, SP
lojasenador03@livrarialoyola.com.br

Loja Quintino
Rua Quintino Bocaiúva, 234 - Centro
01004-010 São Paulo, SP
lojaquintino05@livrarialoyola.com.br

Loja Campinas
Rua Barão de Jaguara, 1389 - Centro
13015-002 Campinas, SP
lojacampinas03@livrarialoyola.com.br

Loja Santos
Rua Padre Visconti, 08 - Embaré
11040-150 Santos, SP
lojasantos04@livrarialoyola.com.br

www.livrarialoyola.com.br

Introdução

Nem sempre é fácil fazer a apresentação de um escrito. Mais difícil se torna tal incumbência, quando, se trata de apresentar uma obra que foi escrita em outro tempo eclesial, uma vez que vivemos hoje a eclesiologia do **Vaticano II e de Santo Domingo**.

Mas os santos (entre eles **São Pedro Julião Eymard**) de ontem, de hoje e de amanhã são vencedores. São testemunhas do cordeiro de Deus e sinais da santidade de Igreja. Eles têm crédito. Ademais a Eucaristia é o Dom dos Dons. É nosso maior tesouro. É raiz e centro da comunidade cristã (cf AG 9; P06). "É fonte de vida da Igreja, penhor de futura glória; meio de chegar ao Pai" (cf UR 15). É preciso redescobrir a importância ímpar da Eucaristia na vida cristã: amá-la, recebe-la e adorá-la. (cf para isso NMI 35).

Felizes os que promovem o culto eucarístico, não só pelos livros, mas principalmente pelo exemplo da vida. Certamente não lhes faltarão as graças divinas.

Parabéns.

In Domino

+**Dom Carmo João Rhoden, scj**
/**Bispo Diocesano de Taubaté**

Prefácio

O Bem-aventurado Fundador da Congregação do Santíssimo Sacramento teve, de início, a idéia de fundar uma associação secular destinada a difundir nas almas cristãs o espírito e a graça eucarísticas do seu Instituto. Traçou-lhe o plano, formulou-lhe as regras, e chegou a estabelecê-la pessoalmente em diversos lugares.

É a *Agregação do Santíssimo Sacramento*. Grãozinho de mostarda a princípio, hoje espalhado pelo mundo inteiro, congrega em torno dos Tabernáculos, bem como ao pé dos Tronos de Exposição Perpétua, grande número de piedosos adoradores desejosos de dar a Nosso Senhor uma *Guarda de Honra* eucarística.

O que não se pode ignorar é que o Bem-aventurado, não contente de traçar a organização de sua obra, quis ainda fixar-lhe o espírito, apresentar-lhe as diversas práticas, e propor assim aos associados um plano de piedade e de vida interior. Daí o *Diretório dos Agregados,* obra na qual o Padre Eymard trabalhou com zelo, para ser o código das almas atraídas pela graça ao culto e ao amor dominantes da Eucaristia. Surpreendido pela morte, deixou o trabalho inacabado; no entanto as notas encontradas são bastante completas para formar um todo e realizar cabalmente o fim que as inspirou.

Julgamos ser útil publicá-las hoje. Fácil será reconhecer as qualidades próprias de seu piedoso autor: a simplicidade e a graça singela que penetram a alma suavemente e sem constrangimento; palavras ousadas, cá e lá, para impressioná-la e alentá-la; uma fé ardente que parece romper os véus do mistério, e contemplar-lhe a adorável realidade; e sobretudo um amor generoso, cheio de entusiasmo, que brota, em verdade, de cada palavra e corre abundante.

A fim de em nada prejudicar esses impulsos tão espontâneos, respeitamos religiosamente o texto do Padre Eymard, mesmo quando o sentido antes estava esboçado que acabado, permitindo-nos apenas de longe pequenas alterações indispensáveis à clareza da frase.

Tal a primeira parte deste tomo.

A segunda, que pode ser tida como complemento à outra, intitula-se *Conselhos de Vida Espiritual* e compõe-se de extratos de cartas de direção dirigidas pelo Bem-aventurado a pessoas do mundo, e que foram por nós classificados sob diversos títulos ou capítulos. É escusado dizer que não nos utilizamos de tudo. Deixamos de lado inúmeras passagens, quer para evitar repetições, quer porque diziam respeito a casos particulares e respondiam a necessidades por demais individuais. Queremos frisar que toda a obra do compilador se reduziu a escolher e agrupar os textos, com raras e ligeiras modificações, que vieram esclarecer o pensamento do autor.

Fácil será reconhecer nestas páginas a doutrina tão elevada quão prática do Bem-aventurado; mais ainda, ver-se-á sua doutrina espiritual aplicada por ele mesmo na direção das almas que o Senhor lhe confiara.

Tais quais estão, contamos que este *Diretório* e estes *Conselhos* façam bem, que levem as almas a crescer na luz de Jesus, que as firmem em seu serviço, mostrando-lhes Jesus mesmo no Santíssimo Sacramento como incentivo, o meio supremo, o nobre fim e a recompensa terrena da vida cristã.

Roma, na solenidade do Bem-aventurado Pedro Julião Eymard. 2.º Domingo depois da Epifania, 1933.

SEÇÃO I

DIRETÓRIO DOS AGREGADOS
DO SANTÍSSIMO SACRAMENTO

O Diretório é a Regra espiritual dos Agregados na Santificação dos seus diversos deveres.

Esta regra encerra os princípios da perfeição cristã, aplicados de modo particular ao espírito da Sociedade do Santíssimo Sacramento.

O diretório consta de cinco partes, em que trata:

1.º - dos deveres dos Agregados em relação à Santíssima Eucaristia;

2.º - da devoção a Maria, Rainha e Mãe do Cenáculo;

3.º - da devoção à santa Igreja;

4.º - da vida interior;

5.º - das virtudes de estado e de sociedade.

PARTE I

DOS DEVERES PARA COM A SANTÍSSIMA EUCARISTIA

O adorador deve à Santíssima Eucaristia amor, serviço, culto e zelo pela sua glória.

CAPÍTULO I

Do amor eucarístico

O homem é amor, à semelhança do seu modelo divino. Tal amor, tal vida.

O amor-próprio leva ao egoísmo, e o amor do mundo ao vício.

Só o amor de Deus torna o homem bom e feliz. É o fim único que se propõe: "Amarás ao Senhor teu Deus de todo o teu coração, de toda a tua alma, de todas as tuas forças" (Dt 6,5). Aí está a lei. "Temer a Deus e observar os seus mandamentos é todo o homem", disse o Sábio (Ecle 12,13 - Vulg.). Por conseguinte, conclui Santo Agostinho: quem não ama a Deus não é homem.

Todo amor tem no entanto um princípio, um centro, um fim de vida.

Jesus, e Jesus no Santíssimo Sacramento, deve ser o *princípio*, o *centro* e o *fim* da vida do adorador.

ARTIGO I

O amor, princípio da vida

O discípulo de Jesus Cristo pode chegar à perfeição cristã por dois caminhos.

O primeiro é a lei do dever; a alma vai progressivamente do trabalho das virtudes ao amor, que é o "laço da perfeição" (Cl 3,14).

É um caminho longo e penoso. Poucos são aqueles que o trilham e alcançam a perfeição, pois tendo escalado durante algum tempo a montanha de Deus, param, desanimados, ao avistar tudo quando ainda lhes resta vencer; então tornam a descer ou rolam até o fundo do abismo, exclamando: É difícil, é impossível!

É porque são mercenários, querem gozar enquanto trabalham. Medem continuamente a linha do dever; pesam sem cessar os sacrifícios; consideram, com os hebreus, ao pé do Monte Sinai, tudo quanto deixaram no Egito, e vem-lhes a tentação de tornar à terra natal.

O segundo caminho é mais curto e mais nobre. É o caminho do amor, mas do amor soberano.

Antes de agir, o discípulo do amor começa estimando e amando o seu objetivo. O amor acompanha o conhecimento e, portanto, o adorador eleva-se de início com asas de águia até o cimo da montanha, até o Cenáculo onde reside o Amor, onde este tem seu trono, seu tesouro, suas obras. E aí, como a águia real contempla esse sol de amor, a fim de penetrar-lhe bem a beleza e o poder. Ousa, até com o discípulo amado, repousar sobre o Peito divino do Senhor, todo abrasado de Amor, para aquecer-se, desalterar-se, refazer as forças e daí partir, como raio da nuvem que o formou, como os raios do sol donde dimanam. O movimento segue a força do motor, e o coração, o amor que o anima.

O amor, eis o ponto de partida da vida cristã. É o ponto de partida de Deus ao encontro da criatura, de Jesus Cristo ao encontro do homem. Seja também o do homem em busca de Deus.

Antes, porém, de ser um ponto de partida, é preciso que o amor de Jesus seja um ponto de reunião e de recolhimento de todas as faculdades do homem; uma escola, onde a alma venha conhecer a Jesus Cristo; uma academia onde o espírito estude, imite o seu modelo divino; onde a própria imaginação o patenteie na plenitude da Bondade e da Beleza do seu Coração e de suas obras.

É sobretudo na oração que a alma conhece a Jesus Cristo, e que Jesus Cristo se revela à alma.

Nosso Senhor disse: "Aquele que me ama será amado por meu Pai e eu o amarei, e a ele me manifestarei" (Jo 14,21).

O amor torna-se então o princípio fundamental da verdadeira conversão, do serviço cabal de Jesus Cristo, do apostolado e do zelo pela sua glória.

I

O amor deve ser o ponto de partida da verdadeira conversão.

Foi o amor desregrado das criaturas ou do prazer que perverteu o coração do homem e o afastou de Deus; é, pois, voltando ao amor soberano de Deus que há de tornar ao dever e à virtude.

A conversão que nasce do receio acaba no medo. A da desgraça termina muitas vezes com esta. Quantas almas convertidas pela doença se tornam piores depois da cura!

Mas o retorno operado pelo amor divino é generoso e constante. E Madalena oferece-nos a primeira prova.

Ela ouviu falar de Jesus, de sua terna Bondade para com os publicanos e os pecadores. E, ao ouvir, seu coração sentiu-se suave e fortemente atraído a esse médico celestial. Mas quantos combates teve de sustentar para ousar chegar-se a Jesus. Ela, pecadora pública, coberta de crimes, o escândalo do seu povo! Como terá a necessária coragem para romper tantos laços? Como reformar tantos vícios, reparar tantos escândalos? O amor penitente operará esse prodígio da Graça. E ei-la, Madalena, sem maior cuidado, a levantar-se pressurosa do meio de seus crimes, cujas insígnias ignominiosas ainda traz sobre si. Dirige-se logo ao encontro do bom Mestre, e, sem se fazer anunciar, dispensando qualquer praxe ou acolhida, entra corajosa, porém humildemente, em casa do fariseu Simão, e lança-se aos Pés de Jesus beijando-os, lavando-os nas suas lágrimas contritas, enxugando-os com seus cabelos. E assim permanece em sua presença, silenciosa, exposta ao desprezo e aos motejos de Simão e dos seus convivas. Seu amor, porém, sobrepuja todo e qualquer desprezo. E Jesus, por isso mesmo, honra-a mais que aos outros. Defende-a, louva-lhe o procedimento, exaltalhe o amor. "Muitos pecados lhe são perdoados, porque ela muito amou" (Lc 7,47). Eis a absolvição divina.

Mas como pôde ela amar muito, se nada disse?

Fez mais que falar; confessou, publicou a Bondade de Jesus com sua humildade e suas lágrimas. E, pecadora que era, ergue-se pura e santa, enobrecida pelo amor de Jesus. Um momento bastou-lhe para essa transformação perfeita; é que o amor, assemelhando-se ao fogo, purifica logo a alma de suas manchas e imprime novamente à virtude o seu primitivo vigor.

Indo deste ponto de partida inicial do amor, Madalena não mais há de parar. Seguirá a Jesus por toda a parte, até o alto do Calvário.

II

O amor é o ponto de partida do serviço de Jesus Cristo e da perfeição evangélica.

1.º - O amor, ponto de partida do serviço de Jesus Cristo.

O serviço de Jesus Cristo é penoso para a natureza, porque se baseia na abnegação própria e na mortificação cristã.

Um cristão é um soldado sempre de armas em mão, sempre no campo de batalha.

Ao se alistar sob os estandartes de Jesus Cristo, ele conta com a perseguição e, em se tratando do serviço desse bom Mestre, os mais generosos são os mais perfeitos.

Mas, a fim de servir fiel e nobremente o Rei dos reis, é mister mais que o interesse pessoal, mais que a simples esperança. É mister o amor régio que, sem excluir a esperança, serve principalmente ao seu Mestre por ele mesmo, pela sua própria glória, pelo seu belprazer; que não quer, que não deseja outra recompensa neste mundo senão lhe agradar e dar prazer.

Vejamos esse triunfo do amor primeiro em São Paulo, que, sozinho, mais labutou, mais padeceu, mais povos conquistou a Jesus Cristo do que todos os outros Apóstolos juntos. E donde lhe vem tamanha força e poder? Quem o sustenta por entre tantos sacrifícios nessa vida de morte? É o amor!

Escutai-o: "Jesus Cristo amou-me", quando eu não o amava, quando o odiava, quando perseguia a Igreja de Deus. Amou-me em primeiro lugar. "Entregou-se à morte da Cruz por mim" (Gl 2,20).

Ó grande apóstolo, que absurdo! Queres então o amor de Jesus Cristo somente para ti? Então o Salvador somente por ti teria morrido? Serias o fim de sua Encarnação, do Mistério da Cruz! E não havias de querer menos que Jesus Cristo, seu Sangue, sua Vida, dadas por ti! Paulo não recua ante tal conseqüência, cujo princípio continua a sustentar. Indica, com admiráveis palavras, que o Amor de Jesus Cristo por ele, Paulo, era tão grande, que, caso não houvesse ninguém, senão ele, a remir, Jesus Cristo teria feito unicamente por ele aquilo que fez por todos nós. Assim o explica São João Crisóstomo.

É próprio do amor tudo personificar em si mesmo. E então, reunindo todas as chamas divinas em um só foco de amor, fazendo expandir em seu coração toda a Bondade desse Coração divino, Paulo, dominado pelo amor, arrebata-se, enleva-se e quer, por sua vez, provar a Jesus Crucificado o seu amor. E por isso despreza todos os sacrifícios, desafia toda criatura, todo poder, de jamais o separar do amor de Jesus Cristo. E triunfa por entre todos os perigos, todos os sofrimentos, todas as perseguições. "Mas em tudo isto saímos vencedores por aquele que nos amou!" (Rm 8,37).

Tal deve ser o ponto de partida do verdadeiro discípulo de Jesus Cristo em face do dever que custa à natureza, do sacrifício que imola, do prazer criminoso que o atrai e quer seduzir, do mundo ímpio que o persegue.

Jesus amou-me até a morte; amá-lo-ei pelo menos até o sacrifício.

Jesus morreu por mim: viverei pelo menos por ele.

Jesus amou-me até entregar-se por mim: é justo que eu me entregue todo a ele.

Tudo por amor a Jesus, eis a senha do adorador.

2.º - O amor, ponto de partida da perfeição evangélica.

Foi do amor que partiram essas almas nobres e puras, antepondo o serviço de Jesus Cristo a todos os bens, a todos os prazeres, a todas as glórias humanas, e alistando-se sob os estandartes evangélicos da caridade e da religião, a fim de levar uma vida de morte, ou antes, uma morte de vida, escondidas em Deus com Jesus Cristo no Santíssimo Sacramento. A alegria e a felicidade resplandecem em seu rosto e revelam o reino suave do amor de Jesus nelas.

Quem dá às virgens cristãs essa virtude que nada pode corromper, essa fidelidade que nada pode seduzir? É o amor de Jesus. Munidas desse amor virginal, saberão desprezar todas as coroas, todas as seduções mundanas, e serão sempre o desespero de seu furor.

Quem sustenta o confessor no meio de seus suplícios longos e pavorosos? O amor de Jesus, a sagrada Comunhão. Quem lhe faz desprezar a morte? O amor soberano de Jesus, e nada mais.

O amor, eis, pois, a virtude régia do cristão, o passo inicial à vitória sobre o mundo e a perfeição das virtudes.

III

O amor é o ponto de partida do apostolado, do zelo pela Glória de Deus.

1.º - Antes de confiar sua Igreja a Pedro, Jesus quer fazer dele o discípulo do amor; pois aquele a quem cabe substituir, na terra, o divino Mestre, e continuar-lhe a missão de verdade, de caridade, de sofrimentos, precisará de muita santidade e de muita força; ele será o fundamento inquebrantável da Igreja entre todas as tempestades humanas e infernais.

Três atos de amor bastarão por tornar Pedro digno do Mestre.

"Simão, filho de João, tu me amas mais que estes?" "Senhor", reponde vivamente Pedro, "tu sabes que eu te amo". O amor genuíno é humilde, eis por que Pedro não ousa comparar-se aos outros. "Apascenta os meus cordeiros", trabalha por mim. Eis aí a única prova de amor, isto é, a dedicação filial. Quem ama obedece ao amor. Que vale um amor só de palavras? Será quase sempre uma mentira, ou pelo menos, uma covardia de coração. O amor fala pouco, opera muito e julga sempre nada ter feito.

Pela segunda vez pergunta Jesus: "Simão, filho de João, tu me amas? Senhor, tu sabes que te amo. Apascenta os meus cordeiros", sê pastor sob minhas ordens; trata-os como bens meus. O amor puro é desinteressado, esquecido de si, dependente. É a servidão régia do cristão.

Uma terceira vez Jesus repete: "Simão, filho de João, tu me amas?" E Pedro, aflito com a insistência, responde chorando: "Senhor, tu conheces todas as coisas e sabes que eu te amo!"

Então Jesus se satisfez vendo o amor de Pedro revestido de suas próprias qualidades, amor humilde, penitente, puro e dedicado, e o investe na plenitude de sua missão apostólica. "Então apascenta as minhas ovelhas", todo o seu rebanho, isto é, pastores e fiéis. Agora o amor de Pedro é bastante forte para suportar semelhante peso, formidável aos olhos dos próprios Anjos.

Jesus, porém, vai mais longe ainda. O amor de Pedro já é bastante forte para ouvir a predição de sua morte – e Jesus lhe anuncia que há de ser crucificado como ele a morrer na cruz. Pedro não se perturba, não reclama. Ama seu Mestre e por ele saberá viver e morrer.

Eis o que o amor dá a Pedro: força e dedicação.

Eis o que faz a mãe antes de pedir um sacrifício ao filho: abraça-o, para depois exigir uma prova de amor.

O soldado fiel de Jesus deve fazer o mesmo. Antes de lançar-se no campo de batalha dirá: Meu Deus, amo-vos mais que a minha liberdade e a minha vida. Então, se vier a morrer, sua morte será o triunfo magno de seu amor.

2.º - É do amor de Jesus que partem os apóstolos a evangelizar as nações, por entre os graves perigos e inúmeros sacrifícios do apostolado. Não são mais aqueles homens terrenos, que só seguiam a Jesus em vista do seu reinado temporal, homens grosseiros, que não compreendiam as mais simples verdades do Evangelho; homens incompletos, com mil pequenos defeitos, de ambição, de inveja, de vaidade. Agora são homens novos, cujo espírito se abriu às Verdades e aos Mistérios mais sublimes, cuja fé se purificou, cujo amor se dignificou, cujas virtudes assumiram um caráter de força e de elevação que causa admiração aos mais perfeitos. De tímidos, receosos, covardes que eram, ei-los agora a pregar a povos e reis com ousadia toda divina.

Alegram-se por terem sido julgados dignos de sofrer por amor do Senhor Jesus. Vão ao encontro da morte como outros ao encontro do triunfo.

E donde lhes vem tanta virtude e poder? Do Cenáculo, onde comungaram e donde saíram depois de estarem em contato com esse foco divino, quais leões terríveis aos demônios, só respirando a glória de seu bom Mestre. Foi possível persegui-los, torturá-los, fazê-los morrer por entre os piores suplícios, mas nunca foi possível apagar-lhes do coração a chama celeste do amor. É porque o amor é mais forte que a morte.

IV

A essas provas substanciais, juntam-se outras, derivadas da natureza intrínseca do amor.

Por que exerce o Amor de Jesus tamanho poder sobre o coração do homem?

1.º - O Amor de Jesus é todo-poderoso junto ao homem, porque opera segundo a natureza e a graça do coração humano.

a) O coração do homem rende-se, em geral, antes ao sentimento de amor que ao da razão. Ora, o Amor de Jesus atrai, enleva, arrasta o coração humano com tanta suavidade e força que o homem, deliciosamente subjugado, se entrega de bom grado, como os discípulos chamados por Jesus, como Paulo vencido, que exclama: "Senhor que quereis vós que eu faça?" (At 9,6). É que a alma que viu a Jesus Cristo em sua Bondade e ternura, não pode mais demorar-se em objeto algum criado. Feriu-se-lhe o coração. Este se poderá distrair, divertir, atordoar, nunca poderá satisfazer-se. Nada é comparável a Jesus; nada é bom, nada é doce como uma palavra do seu Coração. É que as virtudes cristãs, passando pelo Amor de Jesus, perdem aquela aspereza, aquela severidade que atemoriza a fraqueza humana. Tornam-se, antes, como esses frutos amargos aos quais se mistura o mel, impregnando-os de doçura. Assim, as virtudes refeitas, por assim dizer, no Amor de Jesus, tornam-se simples, suaves e amáveis, semelhantes às virtudes da infância que o amor inspira e sustenta.

b) O Amor de Jesus é todo-poderoso sobre o homem, porque o coloca no poder de sua Graça.

A Graça do cristão é uma Graça de adoção, de filiação divina, de amor.

É, em primeiro lugar, uma graça de amor de sentimento, que a Bondade divina deposita em germe nos corações e que forma, por assim dizer, no Batismo, a base do caráter cristão. Mais tarde esse amor se desenvolve com a fé, cresce com as virtudes que inspira e aperfeiçoa, até tornar-se uma vida, um estado de amor. Toda educação cristã, toda direção espiritual da alma, devem, pois, descansar no amor de Deus, que será dilatado, exercitado. Assemelha-se à educação inicial da criança, quando o afeto adormecido suscita o reconhecimento pelos dons recebidos, ensina a obedecer, a trabalhar, a fazer sacrifícios heróicos com tanta simplicidade. Mais tarde, o amor lhe será ainda regra e lei. Pelo amor ao dever será um homem de bem, pelo amor à ciência, um gênio, pelo amor à glória um herói, pelo amor a Deus um santo.

Tal amor, tal vida. A realeza do homem está em seu coração.

O amor é ainda todo-poderoso sobre o coração humano, que é o reinado de Deus no homem, e permite à ação divina nele se exercer plenamente e sem obstáculos.

Pelo amor, o homem faz reinar a Deus como soberano sobre a liberdade de seu coração e de sua vida.

Então se estabelece entre Deus e o homem uma sociedade de vida, divina e humana, que foi o próprio fim da Encarnação do Verbo.

Ouçamos, admirados e alegres, esta doutrina divina de Jesus Cristo em relação à sociedade que Deus forma com o discípulo do amor: "Se alguém me ama, guardará a minha palavra e meu Pai o amará, e viremos a ele e nele faremos morada" (Jo 14,23).

Essa estada de amor da Santíssima Trindade não será meramente passiva; cada Pessoa divina atuará pelo Amor.

a) O Pai das luzes, princípio e autor de todo dom perfeito, que em seu Amor nos deu seu Filho Unigênito, dá-nos, com ele, todo o bem. "Meu Pai ama-vos, porque vós me amastes, e crestes que eu saí de Deus" (Jo 16,27). Também "se pedirdes a meu Pai alguma coisa em meu nome, ele vo-la dará" (Jo 16,23).

Assim é que o amor que temos a Jesus nos merece o Amor do Pai, nos abre seus tesouros, e nos torna todo-poderosos sobre o seu Coração. Ser amado pelo Rei não equivale a partilhar suas riquezas e sua glória? O amor pede comunhão de bens.

b) Jesus Cristo ama aqueles que o amam com amor de amizade. "Já não vos chamarei servos, porque o servo não sabe o que faz o senhor, mas eu vos chamei amigos, porque vos dei a conhecer tudo quanto ouvi de meu Pai" (Jo 15,15).

Jesus os chamará até de irmãos. "Vai a meus irmãos e dize-lhes: "Subo para meu Pai e vosso Pai, para meu Deus e vosso Deus" (Jo 20,17). Jesus inventará um nome ainda mais terno: *Filioli*, Filhinhos. Só me resta pouco tempo para permanecer convosco... mas não se perturbe vosso coração com esta separação. Credes em Deus, crede também em mim. Há muitas moradas na casa de meu Pai, eu irei preparar-vos um lugar, e depois de vo-lo ter preparado, voltarei a vós e vos levarei comigo, para que estejais lá onde eu estou... Não vos deixarei órfãos, mas hei de voltar a vós" (Jo 13,33; 14,1-3.18).

Será possível ler estas palavras, tão repassadas de doçura, tão comoventes, sem derramar lágrimas de ternura e de gratidão?

Qual será, porém, a ação de Jesus na alma que o ama? Começará por se manifestar a ela, depois se porá ao seu dispor, associando-se às suas obras, unindo-se numa intimidade bem maior que a alma de Davi colada à alma de Jônatas.

Ouçamos o Salvador, quando diz: "Aquele que me ama será amado de meu Pai; eu o amarei também e a ele me manifestarei" (Jo 14,21).

Mas qual será esta manifestação de Jesus? É o amor que doravante dispensa intermediários, querendo comunicar-se livremente com o amigo, revelar-lhe toda a sua verdade, não mais por sombras ou figuras, ou por voz estranha, mas por ele mesmo, na luz e suavidade de sua Graça, que penetra a alma amorosa com seus raios divinos, como o sol penetra o cristal. Na escola do amor de Jesus, a alma aprende sem demora a Ciência de Deus, a Sabedoria de suas obras. Penetra com um simples olhar os mais altos Mistérios de seu Amor. Tal a manifestação de Jesus a Madalena. Bastou uma só palavra: Maria! E esta palavra foi para ela uma graça de fé, amor, e zelo.

O amor de Jesus pelo discípulo predileto vai mais longe ainda, pede sociedade de vida.

Jesus põe-se à sua disposição: "Tudo aquilo que pedirdes ao meu Pai em meu Nome, eu o farei, a fim de que o Pai seja glorificado no Filho" (Jo 14,13). Ei-lo, pois, Jesus Cristo, o Verbo do Pai, que se torna executor divino da oração do seu discípulo.

"Serei vosso advogado junto a meu Pai." *"Et ego rogabo Patrem"* (Jo 14,16). E com que eloqüência e poder não advogará Jesus a nossa causa, expondo ao Pai suas Chagas, sobretudo a do Coração, mostrando-lhe a divina Eucaristia, esse Calvário perpétuo do Amor Divino!

A fim de tornar-se necessário ao homem, Jesus reserva-se a sua Graça, a comunicação de sua Vida; o homem resgatado está entre os braços do divino Redentor qual criança a depender da mãe. "Sem mim, nada podeis fazer" (Jo 15,5). Mas, acrescenta São Paulo: "Posso tudo naquele que me fortifica" (Fl 4,13).

O amor é, por natureza, constante e almeja ser eterno. Só a idéia duma ausência, duma separação equivale a um tormento. Jesus tranqüiliza seus discípulos. "Eis que estarei convosco todos os dias até a consumação dos séculos" (Mt 28,20). Assim a comunhão de vida entre Jesus e seu discípulo será perpétua.

Mas o amor pede mais que a comunhão de bens e de vida: pede a união, real e pessoal.

E foi o Amor de Jesus que criou essa união de amor! Só há de existir, porém, de modo perfeito entre ele e o discípulo do Amor Sacramentado. O homem pode amar os seus semelhantes até o dom dos bens, até a comunhão de vida, até a união corporal e moral, mas nunca até a união real de manducação. Eis, pois, o limite final, o grau derradeiro do Poder de Amor de Jesus pelo homem. "Aquele que come o meu Corpo e bebe o meu Sangue, permanece em mim e eu nele" (Jo 6,57 - Vulg.). Eis o magno fenômeno do amor. Duas pessoas unidas realmente e conservando a sua personalidade e sua liberdade, a Pessoa adorável de Jesus Cristo e a pessoa humana do comungante. Eis a extensão da Encarnação, eis a graça e glória da Mãe de Deus repartida com todos os comungantes; Jesus Cristo, dando a seus fiéis a vida sobrenatural para deles receber a vida de amor; que ele cresça, trabalhe, sofra e se aperfeiçoe neles para que cada cristão seja um Jesus Cristo em esboço, que Jesus seja a cabeça, e o fiel os membros; que Jesus seja a videira, e o fiel os ramos; que Jesus seja o espírito, e os fiéis o corpo. Aos fiéis cabe trabalharem e a Jesus dar a Graça e receber a glória do êxito. De que não será capaz o amor divino no homem depois de semelhante união? "Aquele que permanece em mim e eu nele, diz o Salvador, há de produzir muitos frutos... Se permanecerdes em mim e se minhas palavras permanecerem em vós, tudo quanto pedirdes vos será dado" (Jo 15,5.7).

Uma árvore plantada em boa terra, à beira das águas vivas, exposta à ação vivificante do sol, isolada de toda planta maléfica, produz normalmente frutos excelentes e abundantes, ou então é uma árvore carcomida e viciada.

c) A atuação do Espírito Santo na alma amante completa a do Pai e do Filho. Sua missão é perpetuar e aperfeiçoar a Jesus Cristo em seus membros. É porque o amor dos Apóstolos só foi perfeito quando receberam o Espírito Santo. Sua missão divina é, pois, formar a Jesus em seus discípulos; ensinar-lhes interiormente sua Verdade, incutindo-lhes unção e amor; dando-lhes forças para confessar esta Verdade divina, e mostrarem-se, perante reis e povos, os seus testemunhos fiéis e generosos; infundir em suas almas o espírito de Jesus, a fim de que vivam de sua Vida e de seus costumes, até poder dizer o apóstolo: "Vivo, já não eu", que não sou o princípio e o fim de minha vida, mas "Jesus vive em mim" (Gl 2,20).

O Espírito Santo, educador e santificador do homem em Jesus Cristo, permanecerá sempre com ele como em seu templo. É o Espírito Santo que lhe inspirará os bons pensamentos, que o formará à oração, que lhe ditará a palavra oportuna, que lhe sobrenaturalizará as ações livres, que lhe alimentará incessantemente o amor, até que, tornado homem perfeito em Jesus Cristo, partilhará o seu triunfo no Céu, assentado no seu trono e coroado de sua glória.

Ora, sob a ação divina e incessante do amor do Pai, e do Filho, e do Espírito Santo, não nos devemos admirar do poder que tem o homem. A chama varia segundo a natureza e a força do foco gerador, o impulso segundo o motor, e o homem segundo a razão do amor que tem.

O amor de Jesus Cristo deve, pois, ser a primeira ciência, a primeira virtude do cristão, como lhe é lei e graça soberana.

V

Como pode, no entanto, o Amor Eucarístico de Jesus tornar-se o princípio de vida do adorador, a sua virtude dominante?

Para alcançar tão ditosos resultados devemos convencer-nos de dois pontos essenciais:

Primeiro, que a Santíssima Eucaristia é o ato soberano de Jesus Cristo em relação ao homem.

Segundo, que a conquista do homem é o fim da instituição da divina Eucaristia.

1.º - Para compreender o Amor soberano de Jesus Cristo na Eucaristia, basta recordar a definição deste grande Sacramento:

"É o Sacramento do Corpo, do Sangue, da Alma e da Divindade de Nosso Senhor Jesus Cristo, sob as espécies ou aparências de pão e de vinho".

É, portanto, a posse verdadeira, real e substancial, da adorável Pessoa de Jesus Cristo.

É a comunhão real do seu Corpo e do Seu Sangue, da sua Alma e da sua Divindade, numa palavra, de todo Jesus Cristo.

É a perpetuidade do Sacrifício do Calvário, continuado e representado sobre todos os Altares, na imolação mística de Jesus Cristo.

A Eucaristia, diz Santo Tomás, é o milagre supremo do Salvador. A Eucaristia, diz ainda, é o dom soberano de seu Amor. Aí ele dá tudo quanto tem e tudo quanto é.

Na Eucaristia, reza o santo Concílio de Trento, Jesus Cristo esgotou, por assim dizer, todas as riquezas de seu Amor para com os homens (Sessão 13, c. 2). A Eucaristia é, nas palavras do Doutor Angélico, o derradeiro termo de seu Poder e de sua Bondade.

Finalmente, a Eucaristia é, segundo os Santos Padres, a extensão da Encarnação. Por ela, com efeito, diz Santo Agostinho, Jesus Cristo se encarna entre as mãos do sacerdote como outrora se encarnou no seio da Virgem Maria.

E, pela Comunhão, Jesus Cristo encarna-se na alma e no corpo de cada fiel. "Aquele que come o meu Corpo e bebe o meu Sangue, disse ele, permanece em mim e eu nele" (Jo 6,57 - Vulg.).

Pode o Amor ir além? Não, Jesus Cristo não pode dar mais do que se dar a si mesmo.

Assim, o Amor eucarístico de Jesus Cristo para com o homem, bem estudado, bem conhecido, é, diremos, assustador. É porque Santo Agostinho exclama: *"Insanis, Domine!"* Senhor, vosso Amor pelos homens torna-vos insano!

O cristão, que medita continuamente no Mistério da Sagrada Eucaristia, fica constrangido, como São Paulo diante da Cruz: *"Caritas Christi urget nos!"* (2Cor 5,14).

E basta, para tal, ver os sacrifícios que a Eucaristia custou a Jesus Cristo.

Sacrifício de seu Corpo, que uma vez ressuscitado, triunfante e glorioso, vai parecer, sob o véu do Sacramento, estar privado de sua liberdade, de sua vida sensitiva, e ligado inseparavelmente à mobilidade das espécies eucarísticas, de tal sorte que Jesus Cristo, pela Eucaristia, vai tornar-se novamente, e até o fim dos séculos, o prisioneiro perpétuo do homem.

Sacrifício da glória de seu Corpo, que, por um milagre contínuo, será constantemente velado. O Corpo adorável de Jesus é ainda mais humilhado, mais aniquilado na Eucaristia do que foi na Encarnação e na Paixão. Tinha, então pelo menos, a dignidade visível de homem, o poder da palavra e das obras, os encantos do amor. Mas aqui tudo é velado, tudo é oculto, e só nos é dado perceber a nuvem sacramental, que encobre a vista de tamanhas maravilhas.

Sacrifício de sua Alma, pois, pela Eucaristia, Jesus expõe-se, indefeso, aos insultos e ultrajes dos ímpios – e numerosíssimos serão seus novos carrascos.

Sua Bondade será desconhecida e desprezada por uma infinidade de maus cristãos.

Sua Santidade será maculada com repetidas profanações e sacrilégios, até por parte de seus filhos, de seus melhores amigos.

A indiferença dos cristãos o deixará só, o abandonará em seu Tabernáculo, recusando-lhe as graças, negligenciando, e até desprezando, a Sagrada Comunhão e o Santo Sacrifício dos Altares.

A malícia humana irá até negar sua Presença na Hóstia adorável, até calcá-la, atirá-la a animais imundos, vendê-la aos artífices do demônio.

À vista de tamanha ingratidão por parte dos homens, Jesus certamente se perturbou, abalado um instante ao instituir a Eucaristia.

Quantas razões surgiam contra! E a mais forte era seguramente essa ingratidão. Que humilhação para sua Glória permanecer no meio dos seus qual estranho e desconhecido, até ser obrigado a fugir, a pedir hospitalidade a pagãos e selvagens!

Que triste história esta, da ingratidão dos homens, da perda da divina Eucaristia!

O ateísmo tornou o homem indiferente a Deus e a Jesus Cristo. O homem agora só vive pelos sentidos. É um animal terrestre, sensual. E esta é a derradeira forma de heresia, de impiedade.

Pois bem, ante um futuro tão triste e desanimador, que vai fazer o Coração de Jesus Cristo? Seu Amor, não podendo triunfar do coração humano, se deixará por acaso vencer? E não continuará a divina Eucaristia a existir pela sua aparente inutilidade?

Não! Seu Amor triunfará de todos os sacrifícios. "Não, exclama Jesus, não será dito que a ofensa que me é feita pelo homem supera o Amor que lhe tenho. Amá-lo-ei apesar de sua ingratidão e de seus crimes; esperarei sua visita, eu, o seu Rei; oferecer-lhe-ei primeiro o meu Coração, eu, seu Senhor; pôr-me-ei à sua disposição, eu, seu Salvador; dar-me-ei todo a ele, eu, seu Deus, a fim de que ele se dê todo a mim, e que eu lhe possa comunicar, com o meu Amor, todos os tesouros de minha Bondade, toda a magnificência de minha Glória.

"Houvesse apenas alguns corações fiéis, uma única alma reconhecida e dedicada, e dar-me-ia por pago de todos os meus sacrifícios. Para ela estabeleceria a Eucaristia e assim reinaria pelo menos sobre um coração humano, como soberano absoluto."

E, então, Jesus Cristo institui o adorável Sacramento de sua excessiva Caridade.

Seu Amor triunfa do seu próprio Amor, porque este Sacramento não é somente o ato soberano de seu Amor, é ainda o resumo de todos os seus Atos de Amor; é até o fim de todos os outros Mistérios de sua Vida, pois foi para alcançar a Eucaristia que Jesus morreu na Cruz – a fim, diz Santo Afonso de Ligório, de dar aos sacerdotes uma vítima de sacrifício; a fim, diz Bossuet, de torná-los participantes da virtude e do mérito de sua oblação.

Mais ainda: a Eucaristia não é somente o fim da Encarnação e da Paixão do Salvador: é-lhe também a continuação. Sob a forma de Sacramento, Jesus continua a pobreza de seu Nascimento, a sua obediência em Nazaré, a humildade de sua Vida, as humilhações de sua Paixão, o estado de vítima sobre a Cruz.

Ele honra também em seu estado sacramental a sua Sepultura: as santas espécies são qual sudário que envolve o seu Corpo imóvel; o cibório é seu túmulo; o Tabernáculo, seu sepulcro. Só não aparecem sobre o altar de amor a glória de sua Ressurreição, o triunfo de sua Ascensão.

O Santíssimo Sacramento do Altar é, pois, o dom régio, o ato soberano de Jesus Cristo em favor do homem. A Eucaristia é, entre os dons de Jesus Cristo, o que o sol é entre os astros e no meio de toda a natureza. Por ela, Jesus sobrevive, se perpetua – para ser um sol de amor entre os homens.

2.º - Mas qual o fim que se propõe Jesus Cristo na instituição da divina Eucaristia?

Propõe-se conquistar o homem, obter-lhe o amor soberano. É de fato só para ser amado dos homens, para possuir-lhes o coração e ser o princípio de sua vida que Jesus Cristo instituiu o Santíssimo Sacramento do Altar.

Afirma-o formalmente: "Aquele que me come, por mim viverá" (Jo 6,58 - Vulg.). Viver para alguém é prestar-lhe a homenagem de sua liberdade, de seus trabalhos, da glória de suas obras. Quem comunga deve viver para Jesus Cristo, pois Jesus Cristo o nutre. "Eu vos nutro, diz-nos ele, labutai, pois, para mim, labutai santamente para mim, que sou o vosso Pão de Vida Eterna, e labutai por amor, já que vos nutro com meu Amor substancial". Tal árvore, tal fruto.

Jesus disse ainda: "Quem come o meu Corpo e bebe o meu Sangue permanece em mim e eu nele" (Jo 6,57-Vulg.). Ora, se o servo em presença do amo, o soldado em presença do rei, e o filho em presença do pai, devem ter-se com respeito e submissão, claro é também que o homem em quem Nosso Senhor vem habitar pela Sagrada Comunhão, deve visar em tudo honrá-lo, ser-lhe sujeito e prestar-lhe homenagem.

Na Comunhão deve resultar o mesmo efeito que se produziu pela Encarnação na Natureza Humana de Jesus Cristo, unida hipostaticamente, isto é, substancialmente, à Pessoa do Verbo. A Vontade Humana de Jesus Cristo estava perfeitamente sujeita à Vontade Divina. Em Jesus Cristo Deus mandava no Homem e este se alegrava em poder obedecer.

Ora, sendo a Sagrada Comunhão a extensão da Encarnação no homem individual, Jesus Cristo deve "viver e reinar no comungante". Todo comungante deve poder dizer com São Paulo: "Vivo", já não sou eu o princípio de minha vida; "Jesus é quem vive em mim", o Criador em sua criatura, o Salvador em seu cativo remido, o Amor Divino em sua régia conquista.

Jesus quer, naturalmente, conquistar o coração humano pela Eucaristia.

Se Jesus se chega ao homem, munido de todos os dons, de todos os encantos de sua infinita Bondade, é para prendê-lo a si pela gratidão.

Se Jesus lhe dá, em primeiro lugar, o seu Coração, é para ter direito de pedir-lhe o dele.

E como, pela sua natureza, o amor pede comunhão de bens, sociedade de vida, fusão de sentimentos, assim quem ama a Jesus Cristo, como Jesus Cristo o ama a ele, há de tender com todas as forças à unidade de vida.

E nisto, em transformar a vida do comungante em sua própria Vida e costumes, está o verdadeiro triunfo de Jesus Cristo, e fá-lo-á sem violência, sem constrangimento, com a suavidade do Amor.

A Comunhão é, pois, a mais pronta, a melhor conversão da alma; o fogo destrói rapidamente a ferrugem, retempera a espada, reaviva o vigor e a beleza do ouro impuro.

A Eucaristia é a realeza de Jesus na alma do fiel.

Em Belém, Jesus é o amigo do pobre; em Nazaré, o irmão do operário; no correr de suas viagens evangélicas, o Médico, o Pastor, o Doutor das almas; na Cruz é Salvador; pela Eucaristia é Rei, reina, por si mesmo, por toda parte, sobre o homem e sobre a sociedade.

O corpo do comungante é-lhe um templo, o coração um altar, a razão um trono, a vontade um servo fiel.

Pela Eucaristia Jesus Cristo reina sobre o homem integral; sua lei divina, a regra invariável e inflexível da vontade; sua mortificação, a virtude do corpo; sua glória eucarística, o fim de toda a vida do comungante.

Ah! quão ditoso é o reinado eucarístico de Jesus! É, na verdade, o reinado do Paraíso na alma, já que possui o Deus dos Anjos e dos Santos!

É o Deus da paz, que vem repousar em nossa alma, e curar-nos da febre das paixões e do pecado.

É o Deus da guerra, que vem, triunfante, apossar-se de seu império, guardar e defender sua conquista.

É o Deus de bondade, que precisa da alma para se dar e formar sociedade de amor.

É o terno Salvador que, não podendo mais esperar a eternidade para tornar felizes os filhos da Cruz, antecipa o dia de glória, dando-lhes um antegosto do Céu pela Eucaristia, o Céu do Amor. Desgraçado é, pois, aquele que não conhece o Deus da Eucaristia! É qual órfão, só no mundo!

Desgraçado é o homem sem a Eucaristia, por entre os bens, os prazeres, a glória deste mundo! É qual mísero náufrago numa ilha selvagem.

Mas com a sagrada Eucaristia o cristão está bem por toda a parte, pois possui a Jesus Cristo e dispensa a tudo mais.

Não há exílio para quem está com Jesus Cristo. Nem prisão para quem vive em Jesus Cristo. O cristão só teme uma desgraça, a perda de Jesus Cristo; só receia uma privação, a perda da adorável Eucaristia! A Santíssima Eucaristia, eis, pois, o seu soberano bem!

Pela Eucaristia, Jesus Cristo é o Rei das sociedades. Ele veio não só para salvar o homem, como também para fundar uma sociedade cristã, eleger-se um povo mais fiel que o povo judeu, composto de todos os filhos de Deus, espalhados pelo mundo, de quem será o único soberano. Ele mandará em povos e reis e receberá as honras divinas e as mais brilhantes homenagens.

Como é belo este triunfo régio e popular de Jesus na Festa de Corpus Christi! Tudo quanto a arte e a natureza têm de bonito, tudo quanto a harmonia tem de arrebatador, tudo quanto a guerra tem de grandioso e de terrível, tudo quanto a majestade real tem de brilho e de poder, tudo quanto o povo tem de entusiasmo e de amor, vem ornar, embelezar, honrar a passagem do Deus da Eucaristia. Nesse dia, no seio das sociedades, Jesus é grande, só ele é grande; é o dia de sua Realeza terrestre.

A Eucaristia é o elo fraternal que une os povos. No Banquete Sagrado há irmãos; e ao pé do Altar, uma só família.

O Santo Sacrifício é o Calvário perpétuo do mundo.

A Eucaristia é a autêntica bandeira católica que distingue o discípulo de Jesus Cristo. É na Sagrada Comunhão – e só aí – que as almas se reconhecem.

O Reinado da santa Eucaristia num homem, num povo, exprime a medida de sua virtude, de sua caridade, e até de sua inteligência.

O enfraquecimento do Reinado Eucarístico significa decadência, e sua ausência é a escravidão, são as trevas da morte, é a horrenda noite do sepulcro. Desaparece o sol, a vida. Então o homem, o povo, passam a viver como os animais noturnos que buscam furtivamente o pasto, fogem da luz, e se ocultam nos cantos selvagens da terra. Têm medo de Deus!

O Amor soberano de Jesus, a se manifestar ao homem; o Reinado de Amor de Jesus, a se firmar em seu coração, eis o motivo, eis toda a razão de ser da Eucaristia. Por conseguinte o amor deve ser também o princípio que anima a vida do adorador.

Agora veremos como o Amor Eucarístico lhe deve ser centro e fim.

ARTIGO II

O amor, centro da vida

Todo amor tem um centro de vida. O filho permanece no amor da mãe, o amigo na afeição do amigo, o avarento nos seus tesouros, o soldado na glória.

Cada qual tem um centro de vida, onde repousa e se delicia, onde concentra todos os trabalhos, todos os afetos e desejos.

E qual será o verdadeiro centro do cristão, e sobretudo do adorador?

Um centro humano não lhe poderia bastar, pois o homem precisa dum centro infinito, como infinitos são os desejos de seu coração.

Precisa dum centro sempre vivo e acessível, para não ser como um órfão, um exilado.

Precisa de um centro sempre reparador, para alimentar em si mesmo esse foco de amor, e manter-lhe a ação.

Precisa de um centro perfeito, que o aperfeiçoe, que lhe satisfaça todas as necessidades do seu ser, que lhe seja a vida do espírito, o quadro de amor de sua imaginação, a lembrança bendita de sua memória, o soberano objeto de sua vontade, a felicidade de seu coração, e até do próprio corpo. Quem diz centro, diz tudo isso. É mister que o homem seja feliz em seu centro, para não procurar outro.

I

À vista disso, as virtudes, por mais perfeitas, não podem ser o centro de vida do cristão.

Quem diz virtude, diz abnegação, mortificação, sacrifício; ora, o homem não pode viver na morte, permanecer sempre num Calvário.

Nunca Nosso Senhor disse a seus discípulos: Permanecei na humildade, na pobreza, na obediência. Seria fazer do meio um fim. E a razão pela qual tantas pessoas piedosas se entregam à tristeza e ao desânimo na busca das virtudes, é que se deixam prender pelos seus sacrifícios, perdendo a liberdade interior da santa dileção. É um fogo comprimido, privado de expansão e de chama.

Nada é tão livre quanto a criança e todavia ninguém é tão dependente, tão submisso quanto ela. É porque não permanece nas dificuldades de sua educação, no mesmo ato de sua obediência, mas somente no princípio de amor que o inspira, ou no desejo de amor que o anima.

Nosso Senhor não nos recomenda permanecer num Anjo, num Santo, pois é sempre um centro criado.

Jesus não nos deu nem a Santíssima Virgem para ser nosso centro. Essa divina Mãe teve o seu Coração partido, a fim de nos servir de passagem maternal para que atingíssemos o Coração de Jesus, aberto para nos receber.

Jesus não quer tampouco que permaneçamos em seus dons. O dom não é o doador. Mas é na dileção divina que nos manda fixar nossa morada. "Amei-vos como meu Pai me amou; permanecei no meu Amor" (Jo 15,9). Ora qual é este Amor? É ele mesmo. Diz-nos ainda: "Assim como o ramo não pode dar frutos de si mesmo se não permanecer na videira, assim também vós, se não permanecerdes em mim.

Eu sou a videira, vós os ramos. Quem permanece em mim, e eu nele, dá muito fruto, pois sem mim nada podeis fazer" (Jo 15,4-5).

Jesus Cristo, eis, pois, o centro de operação do cristão. Quem agir fora desse centro divino se paralisa, corre o risco de perder-se, expõe-se a fazer do amor-próprio ou do amor do mundo o seu centro de vida.

O sinal pelo qual reconhecemos que uma alma permanece em seu centro é-nos dado pelo próprio Jesus Cristo: "Onde estiver o vosso tesouro, aí também estará o vosso coração" (Mt 6,21).

O Amor de Jesus torna-se não somente um centro de operação, mas ainda um centro de sociedade. "Deus é caridade, diz São João, e aquele que permanece na caridade, permanece em Deus e Deus nele" (1Jo 4,16). Assim o amor é qual laço de sociedade, que une Deus ao homem.

Nosso Senhor exprime esta verdade de modo ainda mais admirável. "Aquele que me ama, guardará a minha palavra e meu Pai o amará e a ele viremos e nele faremos morada" (Jo 14,23). Assim a Santíssima Trindade vem toda coabitar naquele que ama a Jesus Cristo. É qual novo céu, céu de amor, onde Deus se revela em toda a ternura do seu Coração. "Aquele que me ama, diz o Salvador, será amado de meu Pai e eu o amarei e a ele me manifestarei" (Jo 14,21). Qual será esta manifestação de Jesus? É a revelação de sua Verdade, de sua Bondade, de suas adoráveis Perfeições. É o Cenáculo do Amor.

II

Mas eis agora a questão vital: Que forma, que estado deve revestir esse centro de vida em Jesus?

Não devemos pôr o nosso centro de vida num estado já passado da Vida de Jesus. O amor não vive do passado, mas do presente. O passado é objeto de seu culto, de seu reconhecimento, de suas virtudes, mas seu coração vai além.

Não basta a Madalena ver os Anjos, o túmulo glorioso de Jesus. Quer ver seu querido Mestre Vivo. Os Apóstolos também. E não repreendeu o Anjo da Ressurreição às mulheres piedosas que permaneciam junto ao túmulo? "Por que procurais entre os mortos aquele que vive?" (Lc 24,5) "Ide e anunciai aos discípulos a sua Ressurreição".

Podemos dizer o mesmo às almas piedosas. Por que quereis ficar no presépio de Belém, na casa de Nazaré, no próprio Calvário? Não encontrareis a Jesus, que apenas passou por aí. Honrai-lhe a passagem; bendizei as virtudes que seu Amor aí soube praticar, mas ide adiante, procurai-o a ele mesmo.

É o grande erro de certas almas piedosas; demoram-se nos Mistérios passados e nunca alcançam a Jesus Cristo presente.

Ora, onde está Jesus Cristo, para que possamos viver com ele e nele permanecer? Está no Céu, para os Eleitos, e no Santíssimo Sacramento para os peregrinos.

"Aquele que come o meu Corpo e bebe o meu Sangue, permanece em mim e eu nele" (Jo 6,57 - Vulg.).

Ei-lo, pois, este centro eucarístico do cristão. A divina Eucaristia, eis a sua morada de amor.

É um centro Divino e Humano, já que Jesus Cristo é Deus e Homem; é um centro vivo, atual, pessoal, sempre ao nosso dispor.

Pode o homem, aqui na terra, ter um centro mais santo, mais amável? Não é a divina Eucaristia o Céu na terra? "Eis, diz o Senhor, que vou criar novos céus e uma nova terra" (Is 65,17). "Eis o Tabernáculo de Deus com os homens, e Deus habitará com eles, e eles serão o seu povo e Deus mesmo estará com eles, como o Deus deles" (Ap 21,3). Não é, pois, no Céu que a alma amante deve procurar a Jesus; não é nem a hora nem o local próprio, e sim no Santíssimo Sacramento.

Eis o seu único tesouro na terra, o seu único prazer. Já que é pessoalmente para ela que Jesus está na Eucaristia, toda a sua vida ela se deixará atrair para aí, como o ímã para seu centro.

Com a Hóstia Santa, o adorador está bem em todo lugar. Não existe mais para ele nem exílio, nem deserto, nem privação, nem desgraça. A tudo possui na adorável Eucaristia. E se alguém quiser castigá-lo, torná-lo infeliz, fazê-lo morrer de tristeza, tire-lhe o Deus do Tabernáculo. Ah! Então a vida não passaria para ele de uma longa agonia e todos os bens, todas as glórias deste mundo seriam tristes cadeias. Qual israelita cativo, a chorar à beira do rio de Babilônia, pensando na cidade querida de Sião, os discípulos da Eucaristia não deixariam de derramar lágrimas amargas ao lembrarem-se do Cenáculo.

Por isso o primeiro cuidado do adorador, num país estranho, é procurar o palácio de seu Rei. Procura-o, indaga de todos, e quando percebe, ao longe, a torre içada aos céus, que lhe revela a morada de seu Deus, pulsa-lhe o coração de alegria semelhante ao coração do filho carinhoso ao visitar o teto paterno, que há muito não vê, ou da esposa, ao despontar o navio que lhe traz o esposo, de volta de longínquas paragens. E quando o adorador penetra no átrio do Templo sagrado, quando vê a lâmpada misteriosa que lhe revela a Presença de Jesus, como a estrela aos Reis Magos, com que alegria, com que felicidade, com que transportes de amor prostra-se aos pés desse amável Tabernáculo! Como o seu coração vence os obstáculos e passa através das grades dessa prisão eucarística, rasga o véu sacramental e lança-se com todo o afeto de seu coração, aos pés do Bem-Amado, do Mestre, de Jesus, Hóstia de Amor!

Ah! saiba o discípulo da Eucaristia repetir então com júbilo estas palavras do Tabor: "Senhor, bom é estarmos aqui" (Mt 17,4), e com o real profeta cantar com regozijo: "Quão amáveis são os vossos tabernáculos, ó Deus das virtudes! minha alma suspira e desfalece de alegria nos átrios do Senhor; meu coração e minha carne exultam de júbilo em vossa presença!"

"O pardal encontra morada, e a rola um ninho: vosso altar, ó Senhor das virtudes, é minha morada, pois vós sois meu Rei e meu Deus."

"Ditosos, Senhor, aqueles que habitam sempre em vossa casa: sua vida será consagrada a vossos perpétuos louvores."

"Um dia passado em vossos templos vale mais que mil nos palácios dos graúdos. Prefiro antes ser pequenino e vil na casa de meu Deus, a habitar as tendas dos pecadores" (Sl 83).

III

Mas como fazer da Santíssima Eucaristia o nosso centro de vida? Sabendo nela encontrar a Jesus Cristo. Jesus, com os Mistérios de sua Vida oculta, de sua Vida pública, de sua Vida crucificada, de sua Vida ressuscitada. Sabendo reanimar em seu estado sacramental, que os continua e os glorifica de modo admirável, todos os estados da Vida passada do Salvador. Vendo na Eucaristia a Jesus honrando e continuando, em sua Vida ressuscitada, o aniquilamento de sua Encarnação, a pobreza de seu Nascimento, a humildade de sua Vida oculta, a bondade de sua Vida pública, o Amor na Cruz. E quando a alma amante souber encontrar assim, em tudo, Jesus Cristo, gozará de uma vez de todos os seus bens e fará como que um feixe, como que um foco, de todos os atos particulares de seu amor.

A Eucaristia, segundo a palavra do salmista, é o memorial vivo de todas as maravilhas do Senhor. Assim como no Céu os Santos vêem tudo em Deus, no ato simples da Visão Beatífica, assim também o discípulo da Eucaristia há de ver tudo em Jesus Cristo, no ato eucarístico de seu Amor.

O segredo para alcançar rapidamente esse centro eucarístico de vida, está em fazermos, durante algum tempo, de Jesus, no Santíssimo Sacramento, o objeto habitual do exercício da Presença de Deus, o motivo dominante de nossas intenções, a meditação de nosso espírito, o afeto do nosso coração, o objeto de todas as nossas virtudes. E, se a alma for bastante generosa nessa unidade de ação, chegará a familiarizar-se com a lembrança da adorável Eucaristia, e nela pensar com igual, ou maior facilidade, do que em qualquer outro objeto; seu coração produzirá então, fácil e suavemente, os mais ternos afetos. Numa palavra, o Santíssimo Sacramento se tornará o atrativo devoto de sua vida e o centro de perfeição de seu amor. Oito dias bastarão à alma simples e fervorosa para adquirir esse espírito eucarístico, mas se, todavia, devesse empregar semanas e meses não seria isso pouco, comparado à paz, à felicidade, que gozará na divina Eucaristia?

ARTIGO III

O amor, fim do adorador

Jesus no Santíssimo Sacramento deve ser não somente o centro como o fim do cristão. Disse o Salvador: "Quem me come, por mim vive" (Jo 6, 58 - Vulg.). Nada é mais justo que ver o soldado combater pela glória do rei, o servo trabalhar em proveito do amo, e o filho por amor aos pais.

Mas que é viver para Jesus Cristo no Santíssimo Sacramento? É viver todo inteiro para seu amor e sua maior glória; é fazer de seu serviço adorável o fim de nossos dons, de nossa piedade, de nossas virtudes, de nosso zelo; é fazer do Santíssimo Sacramento a mais nobre paixão de toda a nossa vida.

I

A Eucaristia, fim dos dons e das graças

Todos os dons do adorador, de natureza e de graça, devem ser uma homenagem de amor a Jesus Sacramentado.

É para o seu divino Filho, a fim de o adorar, amar e servir, que o Pai celeste no-los deu. Meu Criador deu-me língua e voz para celebrar e cantar ou louvores de Jesus Eucaristia; deu-me olhos para ver a Hóstia Santa, onde vela a sua adorável Pessoa, e para contemplar-lhe as virtudes eucarísticas; deu-me ouvidos para escutar-lhe os louvores; deu-me sentidos para servi-lo; deu-me inteligência para adorá-lo; deu-me razão para conversar com a Sabedoria divina; deu-me memória para lembrar-me de sua Verdade, seu Caminho; a imaginação para me representar os traços de sua Humanidade Santa: deu-me um coração sensível para amá-lo como meu Salvador, Deus e Homem.

Jesus no Santíssimo Sacramento deve, pois, ser o fim de todas as minhas faculdades, do exercício de todos os meus sentidos, numa palavra, de todo o meu ser. Um ser é desregrado quando não tende mais ao seu fim; é monstruoso, quando o contraria; é insensato, quando procura outro. Todos os raios emanam do sol e a ele convergem. Assim também todos os dons, e todas as Graças de Deus em mim devem referir-se ao meu princípio e fim divino, Jesus Cristo, e Jesus Cristo Sacramentado.

Santo Agostinho procurava a Jesus nos livros: *"Jesum quaerens in libris"*. Santo Tomás, na ciência. São Francisco, nas criaturas. O adorador procura-o no Tabernáculo santo. Ele deve tudo referir à glória divina, e quando uma ciência, um ser, uma ação não puder servir e glorificar ao seu soberano Senhor, deve ser-lhe indiferente. E se viessem a contrariar, a hostilizar a glória do seu divino Rei, então seria nova luta travada pelo Céu contra os anjos maus. E a primeira, bem como a derradeira pergunta que se faz sempre é: Que glória acarreta para a Eucaristia tal e tal coisa?

II

A Eucaristia fim da piedade cristã

A devoção eucarística deve ser a devoção régia do cristão. O serviço do Rei antepõe-se ao dos seus ministros. O sol eclipsa as estrelas e o céu estrelado volve-se todo em torno do astro polar. É mister, pois, dar à devoção eucarística o principal lugar entre os exercícios de piedade. Todas as práticas devotas devem ser-lhe subordinadas, dela depender, a ela se relacionar. Proceder de outro modo, seria separar Jesus Cristo de sua corte, e os santos de seu Deus, e prestar a estes um culto idólatra.

A Sagrada Comunhão deve ser sobretudo o fim da piedade.

É o ato supremo do Amor de Jesus Cristo pelo homem; é o derradeiro limite de sua Graça, a extensão da Encarnação: É Jesus Cristo unindo-se realmente a cada comungante.

A piedade cristã será, portanto, mero exercício preparatório à Sagrada comunhão, ou uma ação de graças.

Todo exercício que não se relaciona desta forma com a Sagrada Comunhão afasta-se de seu melhor fim.

Se eu invocar os Santos é para encontrar mediadores mais poderosos junto ao meu Rei; se me coloco aos pés de Maria, é para que me conduza ao seu divino Filho; se honro um dos Mistérios passados da Vida de Jesus, é para nele descobrir o seu Amor, preparando o seu estado sacramental. Toda piedade, para se quadrar integralmente na Graça e no fim que lhe são próprios, deve ser eucarística. Os riachos e os rios correm para o mar. Assim também, na vida cristã, tudo se vai lançar no oceano do adorável Sacramento.

III

A Eucaristia, fim das virtudes cristãs e religiosas

O adorador, em espírito e em verdade, só deve estimar, amar e praticar as virtudes, até as mais perfeitas, como preparação, conveniência e perfeição do serviço eucarístico de Jesus Cristo.

Como preparação temos as virtudes que nos corrigem os defeitos e destroem os vícios e o orgulho, tais como a penitência, a humildade. A mortificação, em oposição à sensualidade; a caridade, ao egoísmo; a pureza de consciência, a toda infidelidade. Um servo em trajes menos dignos não ousaria apresentar-se perante o seu amo; um odiento, perante seu Salvador imolado; um orgulhoso, perante seu Deus humilhado. Assim um adorador deve começar por tirar, por corrigir, tudo quanto nele possa ofender o Olhar do Deus da Eucaristia. Deve revestir a túnica nupcial para poder penetrar na sala das bodas reais; deve oferecer a seu Salvador o primeiro requisito para um servo, que é não desagradar.

Há ainda virtudes de conveniência e de honra. São todas as virtudes de Jesus Cristo, retratadas no adorador, não mais como remédios pessoais, mas como educação, como qualidades para bem cumprir com seu serviço e agradar ao divino Mestre.

O servo fiel, ciente das preferências do amo, vai-lhe ao encontro dos desejos, lisonjeia-lhe o amor, honrando aquilo que lhe apraz. Assim o bom adorador, sabendo que Jesus Cristo, seu Mestre – que disse: "Aprendei de mim que sou manso e humilde de Coração" (Mt 11,29) – ama com amor de predileção a humildade, a doçura de coração e as virtudes religiosas de pobreza, castidade e obediência, saberá abraçar com ardor o estudo e a prática destas virtudes evangélicas, nelas se inspirando, revestindo-as, qual manto de honra, e servindo assim a Jesus com as mesmas virtudes que distinguem e coroam o divino Salvador. Equivale a servi-lo por ele mesmo. E, em troca de seus sacrifícios, pede uma só coisa: ser agradável ao seu bom Mestre.

Mas a Eucaristia, sendo o fim de todas as virtudes, é-lhes também o sustento e a perfeição.

Para poder progredir nas virtudes, o cristão carece dum modelo sempre presente; duma força atual e crescente; dum amor que o excite e sustente. Ora, só na Santíssima Eucaristia encontra cabalmente estes três bens.

1.º - Em seu estado sacramental, Jesus é sempre o modelo de todas as virtudes evangélicas. O Poder do seu Amor encontrou o segredo inefável de as continuar e as glorificar em seu estado ressuscitado, a fim de dizer sempre a seus discípulos: "Segui-me; aprendei de mim que sou manso e humilde de Coração".

Quão belas, amáveis, encantadoras são, com efeito, as virtudes eucarísticas de Jesus! Um véu tênue as oculta, é verdade, aos nossos olhos carnais, demasiadamente impuros e fracos para as considerar nesse divino sol, mas os olhos da fé as contemplam, o amor as admira, delas se nutre, nelas se deleita. Quão bem soube Jesus aliar, em seu estado sacramental, a pobreza e as riquezas divinas, a humildade e a glória, a obediência e o sumo poder, a fraqueza e a força, a doçura, a bondade e a majestade! Sua Vida oculta de Nazaré é ainda mais oculta no Cenáculo! E quão sublime é o Amor crucificado no Altar, no estado de vítima perpétua pela nossa salvação.

Ah! de fato, é na Eucaristia que as virtudes de Jesus revestem as formas definitivas de amor e de graça.

Não é mais passageiramente, ou por intervalos que Jesus as exerce; mas unem-se todas num estado permanente, que perdurará até o fim do mundo, de modo a constituir a regra atual e visível do cristão.

2.º - Ao exemplo, Jesus acrescenta a *Graça*. É para nos tornar a virtude fácil e amável, que se chega a nós pela Comunhão; por meio dela vem enxertar-se em nossa natureza corrompida, vem unir-se a nós para nos comunicar sua Sabedoria, sua Prudência, sua Força divina. Depois de receberem a Sagrada Comunhão, tendo recebido o Deus da verdade e da força, os confessores da fé se tornavam atletas invencíveis e falavam com irresistível eloquência.

Mas para progredir e perseverar na virtude, a doçura se impõe ainda, junto à unção interior que nos torna as virtudes atraentes e amáveis. Jesus Cristo disse: "Meu jugo é suave e meu fardo leve" (Mt 11,30). Ora, é principalmente na Sagrada Comunhão que as virtudes se impregnam da suavidade de Cristo. Aquelas que a Eucaristia forma e sustenta são mais amáveis que as outras. A virtude do comungante possui de ordinário algo de simples, de ditoso, de celeste. É como o transparecer da virtude interior de Jesus. Os raios solares são belos porque emanam do próprio sol. Pelo contrário, a virtude do cristão que não comunga tem qualquer coisa de austero, de severo, de quase desanimador. É uma virtude de campo de batalha, em luta com o inimigo, armado de força e de rigor. Não é amável. A sagrada Eucaristia é, pois, a suavidade das virtudes, suavidade tanto maior quanto mais puro e mais devotado for o amor.

3.º - O *amor*, eis o que sustenta e aperfeiçoa a virtude. Esta se mede pelo grau de amor; e este, sendo perfeito, é a virtude consumada, é o dom total de si mesmo a Jesus. É pela Sagrada Comunhão, onde Jesus se dá todo inteiro e pessoalmente, que o cristão aprende a se dar também inteiramente.

O amor é um mestre hábil, possuidor duma força invencível, sob cuja ação poderosa o homem se purifica; se transforma rapidamente em Jesus. Nada custa ao amor; acha prazer no pesar e seu coração pulsa de júbilo nos grandes acontecimentos. Assim, os sacrifícios maiores serão, para o adorador, o alimento glorioso do seu amor por Jesus, uma paga por tantos dons recebidos. Cada manhã, ou, pelo menos, freqüentemente, o nobre discípulo do Salvador chega-se à Mesa Sagrada para revestir-se da armadura cristã, e receber as munições de guerra, o fogo divino, e seguir para os combates do amor.

IV

A Eucaristia, fim do zelo cristão

Conhecer, amar e servir a Jesus Cristo no Santíssimo Sacramento, eis o verdadeiro adorador.

Torná-lo conhecido, amado e servido em seu estado sacramental, eis o verdadeiro apóstolo da Eucaristia. O apóstolo que se limita a mostrar Jesus Cristo em Belém, é uma estrela ou um anjo; aquele que o mostra de longe, em sua Vida passada, é um João Batista, que só dá a conhecer a Jesus peregrino. Mas o apóstolo da Eucaristia mostra a Jesus vivo, cheio de graça e de verdade sobre o seu Trono de Amor.

A verdade de Jesus só pode ser compreendida de modo perfeito na Eucaristia. Foi à Fração do Pão que os discípulos de Emaús reconheceram o Salvador. A verdade divina recebe na sagrada Eucaristia sua graça final. É Jesus que fala, que a revela, que se manifesta a si mesmo. Ora, nada iguala a luz do sol.

O Amor de Jesus só pode ser devidamente apreciado na Sagrada Comunhão, quando a alma está dominada por esse fogo divino. Ora, o fogo não se define, faz-se sentir. Por isso, foi só depois que os Apóstolos comungaram que Jesus lhes revelou o Evangelho de seu Amor. Agora, sim, podiam compreender.

É só na Sagrada Comunhão que a Alma prova o Amor de seu Deus; e, sob a impressão desse Amor Eucarístico, ela aprende a amar, a dar-se a Deus, a dedicar-se à sua glória, como os confessores da fé.

Assim tornar o Deus da Eucaristia conhecido, fazer com que seja amado, servido e recebido dignamente, é a mais bela, a mais santa missão que possa caber a um apóstolo. A obra apostólica por excelência é ensinar a doutrina cristã aos ignorantes, é prepará-los a receber devidamente os sacramentos, pois a alma que ama a Jesus, que está sedenta de Cristo, não precisa, quase, de outro auxílio. Encontrou a vida, e uma vida superabundante que jorra até a Vida Eterna, donde emana.

V

A Eucaristia, paixão nobre do coração

A felicidade do homem está na paixão de seu amor. Todo homem tem uma paixão em torno da qual gira toda a sua vida. Essa paixão régia do coração inspira-lhe os pensamentos, o quadro sempre vivo da sua imaginação, o desejo violento de sua vontade, o fim ardentemente desejado de todos os seus sacrifícios. Nada custa a uma paixão adorada, nada a repele enquanto a espera se lhe torna em delicioso momento.

Mas há só uma paixão divina apta a beatificar o coração humano, a torná-lo bom e generoso: é a paixão nobre da divina Eucaristia.

Nada iguala o ardor e a força da alma em busca do seu Dileto suspirando por ele. Sua felicidade está em desejá-lo, em procurá-lo. O Deus da Eucaristia oculta-se para ser desejado, vela-se para ser contemplado; faz-se Mistério para atiçar e aperfeiçoar o amor. A sagrada Eucaristia, então, para o coração que abrasa, torna-se alimento sempre novo, sempre poderoso e dá-se algo de celestial: uma fome e uma sede de Deus sempre viva e sempre satisfeita. É a alma amante que penetra nas profundezas do Amor Divino e vai descobrindo riquezas sempre novas. É Jesus se manifestando pouco a pouco à alma para atraí-la a si com uma pureza e força sempre crescentes.

Ditosa a alma a quem a sagrada paixão da Eucaristia inspira e inflama, que não vive mais senão para o Bem-Amado, qual esposa dos Cânticos, nem deseja coisa alguma senão o seu Reinado Eucarístico! Tal alma pode exclamar com São Paulo: "Vivo, já não eu, porém Jesus em mim" (Gl 2,20), e, se lhe fosse espremida toda a substância da alma, sairia uma hóstia: *"Jesus Sacramentado é sua vida!"*

CAPÍTULO II

Do serviço e do culto eucarístico

ARTIGO I

Natureza e qualidades do serviço eucarístico

O serviço eucarístico de Nosso Senhor Jesus Cristo é o principal dever da vida do adorador.

I

Este serviço, para ser perfeito, requer três qualidades: que seja um serviço soberano, um serviço de amor, um serviço litúrgico. Mais adiante trataremos desta terceira condição. Falemos agora das duas primeiras.

1.º - *Serviço soberano*. Deve ter preferência sobre qualquer outro serviço; é o serviço do soberano Mestre; é o cumprimento da Lei de Deus; é o fim do homem: "Ao senhor teu Deus adorarás, e só a ele servirás" (Mt 4,10).

Eis por que, sobre o Altar da Exposição, suspende-se qualquer outro culto, e velam-se todas as imagens: O Deus da Eucaristia está no seu Trono de Amor para ser o centro único de nossas adorações e de nossos corações.

O serviço eucarístico pede ao adorador que sirva ao seu divino Mestre como serviria a um rei, simplesmente por dever; como serviria um pai, só por Amor. Servir a Deus deveria constituir a maior recompensa, o maior prazer do homem, pois nem todos são chamados a servir a pessoa do soberano.

Tudo, pois, no adorador deve estar ao serviço de Jesus Cristo: o espírito, o coração, a vontade, os sentidos. Jesus Cristo é o fim do homem integral, e quer uma homenagem universal de todo o seu ser, a fim de glorificar em si mesmo o homem todo.

O cristão deve prestar a Jesus Cristo um serviço pelo menos igual àquele que o cortesão presta a um rei mortal, sem esperar outra recompensa senão a do dever cumprido, a glória de poder servir, enquanto o rei recebe, como de direito, a homenagem de tudo o que é precioso e excelso. Assim o cristão deve prestar a Jesus Cristo um serviço real; deve-lhe a homenagem de todas as suas qualidades de sua ciência, de sua arte, de suas faculdades e do seu próprio ser.

Os servos presos ao serviço da Pessoa do rei são os mais honrados. Servir a Pessoa adorável de Jesus Cristo é partilhar a felicidade da Santíssima Virgem, sua Mãe, de São José, seu ditoso guarda; é estar associado à glória dos

Anjos: "Se alguém me servir, disse o Salvador, meu Pai o honrará" (Jo 12,26). Será possível servir a um melhor senhor que Jesus? A um rei maior que Jesus, Rei do Céu?

2.º - *Serviço de amor*. O serviço eucarístico de Jesus Cristo deve ser, em segundo lugar, um serviço de amor. E como poderia ser de outra forma? A Eucaristia é o Sacramento do Amor, e a Graça, que dela mana em torrentes, é uma Graça de amor. Foi o Amor divino o inspirador de sua instituição; é, pois, também o amor que deve animar toda a vida do adorador. Um Amor tão generoso, que realizou tamanha maravilha, provoca necessariamente o amor do homem. Um Amor inesgotável a multiplica por toda a parte e a perpetua até o fim do mundo, de modo a oferecer ao amor do cristão um alimento sempre novo e renovar os direitos que Jesus tem sempre ao nosso reconhecimento.

Grande, pois, deve ser o amor do servo da Eucaristia, sem, no entanto, nunca atingir a altura, a profundeza, a largura e a extensão do benefício da Eucaristia.

Seu amor será terno, tão terno quanto o Coração de Jesus que a ele se dá.

Será puro. O adorador deve servir ao Mestre querido por ele mesmo, pela sua própria glória, pelo seu belprazer, como o filho serve os pais muito queridos, como um fiel cavalheiro serve o rei bem-amado, como os Santos servem o Deus do Céu.

II

Mas, ai de nós, quem se lembra do serviço de Jesus? Quem a ele se dedica? Um amo tem servos que lhe obedecem; um príncipe, súditos que o honram e servem; um pai, a família que o cerca e o ama; não há ninguém nesta terra que não tenha um servo, ou um amigo.

Então só Nosso Senhor ficará só, abandonado em sua casa, no palácio de sua glória, no Trono de seu Amor, no Santíssimo Sacramento do Altar! Ficará a sós dias e noites inteiras; enquanto a antecâmara dos poderosos está repleta de aduladores, enquanto os reis têm uma corte brilhante, uma guarda de honra de escol. Ou, então, se Jesus tiver algum raro adorador, será entre a gente simples e pobre, pois os poderosos da terra não se chegam quase ao seu Templo; os sábios não lhe prestam mais a homenagem do seu espírito; os ricos não o honram mais com seus dons. É o Deus desconhecido! Muitas vezes abandonado até pelos seus!

E todavia, se está na Eucaristia, é somente para nós. É seu infinito Amor que o leva a permanecer noite e dia junto à nossa casa, oferecendo-nos todos os dons, todas as graças do Céu. Ah! por que essa indiferença por parte dos homens! Por que não fazem os cristãos para com Deus aquilo que fazem os maometanos para com seu profeta, os pagãos com suas divindades, os escravos do mundo com o ídolo de seu coração e de sua vida?

Se os cristãos continuarem a abandonar a Jesus Cristo no seu Templo, não lhes tirará o Pai celeste o seu Filho querido, tão desprezado? Não o retirou já a muitos povos e reis, que jazem agora na sombra da morte?

Para evitar semelhante desgraça, a maior de todas, despertem-se as almas fiéis e unam-se. Tornem-se adoradoras em espírito e em verdade de Jesus Cristo no Santíssimo Sacramento, e formem uma Guarda de Honra ao Soberano dos reis, uma corte dedicada ao Deus de Amor.

ARTIGO II

Do Serviço de Adoração

A adoração é a principal forma do serviço eucarístico de Jesus Cristo.
Vejamos agora a sua grandeza e excelência.

I

Grandeza e excelência do Serviço de Adoração

1.º - A adoração é o ato soberano da virtude de religião; tem preferência, por conseguinte, sobre qualquer outro ato de piedade e de virtude.

A adoração de Jesus no Santíssimo Sacramento é o fim que se propõe a Igreja Militante, como a adoração de Deus na sua Glória é o fim da Igreja Triunfante. Deve, portanto, haver uma santa rivalidade, um concerto religioso, uma harmonia de serviço divino entre a corte celeste e a corte eucarística da terra, entre o adorador e a santa Igreja, sua mãe.

2.º - A adoração eucarística é o triunfo maior da Fé, porque é a submissão cabal e perfeita da razão humana a Deus. É a adoração por todas as Verdades cristãs de uma vez, por todos os Mistérios da Vida de Jesus Cristo, pois toda a verdade, toda a virtude de Jesus Cristo prepara, institui ou perpetua o reino da divina Eucaristia; todos os raios emanam do sol ou a ele volvem. Assim também toda a verdade emana de Jesus Cristo e a ele conduz. É porque a santíssima Eucaristia é a graça final, a perfeição derradeira da verdade; é Jesus em sua acabada forma de amor, donde só sairá para julgar os homens e manifestar-lhes a sua Glória.

3.º - A adoração eucarística é o maior ato de santidade na terra. É a oração pelos quatro fins do Sacrifício e pelo exercício de todas as virtudes que a compõe. É a homenagem perfeita do homem, de seu corpo, de sua alma, de sua liberdade, de seu coração, de suas obras, de seus pensamentos no serviço eucarístico de Jesus Cristo: é o holocausto do homem integral.

A adoração compõe-se de todas as virtudes.

A *humildade* adora o seu Deus enquanto aniquilado, e quer humilhar-se e aniquilar-se a si mesma para honrá-lo e descer até o estado de aniquilamento em que se encontra.

O *reconhecimento* adora o seu soberano Benfeitor e, servindo-se da voz e do amor de todas as criaturas, da ação de graça da santa Igreja, da Corte Celeste, de Maria sua Mãe, oferece a Jesus-Hóstia uma homenagem universal de gratidão e amor. Vai além. Querendo tornar sua ação de graças infinita, como infinito é o dom recebido, toma nas mãos a divina Eucaristia e oferece-a a Deus Pai, princípio de todo dom perfeito, como a mais excelsa homenagem que possa receber, já que é o próprio Jesus Cristo.

A *penitência* vem, por sua vez, adorar a Vítima divina sempre imolada pela Redenção dos homens e que, nos quatro cantos do mundo e por toda parte onde encontra um Altar, pede graça e misericórdia pelos pecadores.

Como Jesus, porém, a Hóstia adorável, não pode mais sofrer nem morrer, precisa, pois, de uma segunda vítima que a complete, que sofra em seu lugar, e une-se para este fim à alma penitente. Jesus será sempre o preço infinito, e a alma fiel completará, pelo seu sofrimento efetivo, o novo Calvário. A alma reparadora chora a ingratidão, os crimes dos homens para com o Deus desconhecido da Eucaristia, Deus desprezado, ultrajado pela maior parte dos homens e até pelos seus amigos mais íntimos, aqueles que seu Coração mais honra. Chora seus próprios pecados, que tanto devem ofender o seu Salvador, tão cheio de Bondade e de Amor para com ela.

Não se contenta com a reparação, quer ainda a propiciação integral, o triunfo da Misericórdia sobre a Justiça, a salvação dos pecadores, a conversão dos perseguidores e dos algozes de Jesus Cristo, para que assim se renove o arrependimento e o perdão do Calvário.

A *caridade adora* o Deus de Amor sobre o seu Trono de Graça, e roga-lhe que derrame sobre todos os homens os benefícios e os dons de sua infinita Bondade. A alma que adora faz-se mediadora para todas as necessidades de seus irmãos. Expõe, com a eloqüência da sua confiança, todas as misérias dos pobres filhos da Cruz de Jesus; fá-los passar sob os olhos dessa inesgotável Misericórdia; abre as Chagas do Salvador para delas haurir tesouros de graças para cada alma. Alegra assim o Coração de Jesus, dando-lhe ocasião de exercer sua Bondade e sua Misericórdia.

Prostrada ao pé do Trono Eucarístico, reza com filial piedade pela Santa Madre Igreja, a fim de que Deus a sustente nos combates, a proteja contra seus inimigos, a abençoe em suas obras, a santifique em seus filhos.

O zelo pela Glória de Deus fá-la rezar de modo especial pelo Sacerdócio de Jesus Cristo, em virtude do qual ele se dá novamente aos homens, para os Padres que devem ser a luz do mundo, o sal da terra, outros Cristos.

A alma adoradora gosta de rezar pelo corpo religioso, a família querida da Igreja sempre dedicada à vida de oração e de penitência, e por conseguinte tão poderosa em se tratando do triunfo do bem. Pois uma alma de oração vale mais que outra, abrasada de zelo, uma alma interior rende maior Glória a Deus do que aquela que só trabalha exteriormente. Uma alma perfeita basta para obter a conversão, a santificação de um povo em sua totalidade.

Ela reza para os poderes do mundo, a fim de que cumpram fielmente sua missão para com Jesus Cristo e sua santa Igreja, e façam reinar antes de tudo Aquele em virtude do qual os reis reinam e imperam; reza, a fim de que elas sejam os soldados de sua glória e os defensores de sua Igreja, mãe divina de todas as pátrias, nutriz celeste de todos os filhos de Deus. Reza para todos os senhores da terra, para que, tendo recebido autoridade e poder sobre suas famílias, e sobre seus servos, só a empreguem a fim de fazer cumprir a Lei de Deus e da Igreja, o amor de Deus e do próximo.

A caridade do adorador não se limita a este mundo. Vai visitar as almas que padecem no Purgatório, levar-lhes o socorro de seus sufrágios, de suas indulgências, do Santo Sacrifício; vai espargir algumas gotas do Sangue divino sobre suas dores, sobre as expiações de seus pecados, a fim de consolá-las e de lhes abrir com maior brevidade as portas da Pátria Celeste.

Assim, o adorador ao pé do Santíssimo Sacramento exerce uma missão universal e perpétua de oração, continua a obra divina da propiciação, oferece a Deus uma ação de graças viva e incessante, adora-o por todo o seu ser, por todos os outros seres, por todas as Graças, e presta-lhe, assim, a mais perfeita homenagem que ele possa receber duma criatura.

II

Do exercício de adoração

O exercício de adoração deve ser feito como uma verdadeira meditação.

A fim de seguir fielmente a ordem natural das idéias e dos sentimentos, devemos imaginar que vamos visitar alguma personagem real. Ora, tal visita requer três dispositivos: preparação, matéria a tratar, e conclusão.

1.º - *Preparação*. O primeiro dever é a preparação.

Esta divide-se em preparação remota e preparação próxima.

A preparação remota consiste em preparar a matéria e a ordem de idéias a expor ao rei, e, depois, em se revestir dos hábitos de gala para comparecer à augusta presença.

A preparação próxima consiste em penetrar nos aposentos reais. Chegada a hora da audiência, convém não fazer esperar o rei. Uma vez em sua presença, devemos saudá-lo mui respeitosamente, e depois agradecer-lhe em poucas palavras a bondosa acolhida que nos dá, a nós pobres e indignos. Se tivermos alguma homenagem a oferecer-lhe, começamos por aí. Antes de entrar na matéria a tratar, devemos alegar nossa inexperiência e incapacidade. Damos, todavia, prova de boa vontade e devemos recorrer aos ministros e à mãe do rei, confiando-lhes nossa causa. O preâmbulo todo consiste nisto. Tal também deve ser o da adoração.

A preparação remota consiste, pois, em preparar o tema de oração da adoração, determinando dois ou três pontos, isto é, duas ou três verdades, ou pensamentos-mães. Quanto aos sentimentos, não os podemos prever, pois são o fruto espontâneo da contemplação, da Verdade, da Bondade de Deus, numa palavra, do próprio trabalho da meditação. Mas é preciso prever a homenagem da conclusão, aquilo que havemos de oferecer ou de prometer a Nosso senhor, bem como os pedidos que lhe faremos antes de deixar a sua Presença.

Preparando o tema, é mister preparar a nossa pessoa, a fim de nos apresentarmos com aspecto digno e decente. A santa Igreja não pede nem elegância nem luxo nos adoradores, mas pede um certo decoro pessoal. A adoração tem isso de particular, que é um culto todo festivo; o adorador deve, pois, ser festivo tanto na roupa que veste como nas homenagens piedosas que presta.

A preparação próxima consiste:

a. na pontualidade à hora de adoração;

b. no recolhimento, já antes de se apresentar o adorador perante o Rei dos reis, que, em seu Trono de Amor, cercado de toda a Corte Celeste, lhe aguarda a chegada com Coração bondoso.

c. Na prática dos cinco atos que se seguem, e que são como que a introdução da alma na Presença de Jesus:

O primeiro é um ato de *respeito*. O adorador, ao chegar diante do Santíssimo Sacramento exposto, deve prostrar-se por terra, a exemplo dos Reis Magos, inspirando-se no sentimento de Fé viva na Presença pessoal do seu Senhor e Deus, a quem adora, com todo o seu ser, por este ato de profundo respeito e de aniquilamento, diante de sua Majestade Divina.

O segundo é um ato de *reconhecimento*. O adorador agradece a Nosso Senhor tê-lo recebido como a um de seus Anjos, como filho de sua predileção; tê-lo convidado à sua corte, ter-lhe dado o mais belo ofício junto à sua adorável Pessoa. Então, louva sua Bondade, bendiz o dia, a hora celeste que se passa; agradece a Graça de sua vocação.

O terceiro é um ato de *humildade* e de *contrição*. Quem sou eu, ó meu Deus, para merecer tamanha honra e amor? Esqueceis que não passo do nada, que sou um simples pecador? E a alma purifica-se nesse ato de dor e de amor humilhado.

O quarto é um ato de *oferecimento* integral de si mesmo, do espírito; do coração, da vontade, dos sentidos, da liberdade, da vida, ao serviço do Mestre querido e sua maior Glória; desejando servi-lo bem durante essa hora de adoração, consagrar-lhe toda a atenção do espírito, todo o fervor do coração; pondo-se exclusivamente à disposição de sua Vontade e de sua Graça, para o honrar, amar e servir conforme desejar.

O quinto, e último, é um ato de *união* às adorações da santa Igreja e de cada um de seus membros; as adorações da Santíssima Virgem quando estava nesta terra e sobretudo quando orava ao pé da Hóstia Santa; às adorações do

Anjo da Guarda, de algum Santo de sua devoção particular. Depois passa a tratar do assunto que o interessa.

2.º - *A matéria a tratar*. O ponto importante da adoração, como também da meditação, é saber considerar bem o assunto, dele extrair afetos naturais e atos práticos de virtude. Para isso, é preciso que o trabalho da consideração, que é a alma e a vida da contemplação, reúna cinco qualidades. Deve ser:

a. *natural*, isto é, segundo a natureza e o caráter do tema escolhido;

b. *simples*, procurando a Verdade, a Graça e a Santidade do tema, com calma e recolhimento de espírito;

c. *particular*, indo do geral ao particular, do conjunto à minúcia, pois a verdade considerada de modo geral não produz resultado;

d. *pessoal*, tudo apropriando e amoldando à própria alma na oração, se quiser concentrar o espírito em seu tema, e sensibilizar os afetos do coração.

e. *prático*. É este o ponto essencial. Meditando para melhorar; adorando, para oferecer a Deus um sacrifício particular de louvor e de amor.

Quanto à escolha do assunto, tudo pode se tornar um tema fecundo de oração. Depende da disposição atual da alma, de seu estado, de suas impressões, depende sobretudo da Graça do momento, de um jato de Luz atual que se apodera da alma, penetrando-a até o âmago. Um tema seguido está sempre pronto, e é, em geral, mais fácil e mais fecundo.

Não se deve, uma vez iniciada a oração, mudar de pronto e sem refletir. – Seria expor-se continuamente à inconstância e à esterilidade; nem tampouco afastar-se do assunto, mas conservar o espírito aplicado, a menos que o impulso da Graça lhe dê outro rumo; mesmo assim, não convém mudar logo, porém esperar, para ter certeza de sua veracidade. Esta regra é de suma importância.

A alma precisa também deter-se numa verdade, num pensamento, enquanto nele encontra sustento, qual abelha que permanece na flor rica em mel. O recolhimento interior da alma, que se fixa num só pensamento, denota riqueza, enquanto certa agitação, ou ansiedade, ou inconstância de espírito em relação a um tema anteriormente preparado, denota tentação.

Quanto à escolha dos assuntos destinados à adoração eucarística, convém que sejam tirados da sagrada Eucaristia, e que se relacionem ao seu serviço e à sua glória em tudo.

A santíssima Eucaristia é rica em temas de oração. Todas as verdades nela confinam ou dela emanam, como os raios emanam do sol; todas as virtudes de Nosso Senhor nela são continuadas ou glorificadas; cada Mistério da Vida do Salvador é nela admiravelmente figurado. A divina Eucaristia é o resumo inefável da Vida Mortal e da Vida Gloriosa de Jesus Cristo, posto à disposição do cristão, a fim de que honre ao divino Mestre e a esses dois estados, e que tenha a Graça e a virtude de um e de outro.

Depois de meditar uma Verdade, ou enquanto for meditada (pois convém seguir o impulso natural da Graça e a impressão proveniente do assunto escolhido), convém fazer, em espírito de adoração, os atos pelos quatro fins do Sacrifício:

a. adorar a Nosso Senhor na Verdade conhecida; louvar sua Bondade, bendizer seu Amor em si mesmo, e por nós e por todos os homens;

b. render viva e terna ação de graças por essa Verdade, esse Dom, e tudo mais.

c. reparar as próprias infidelidades e pecados neste ponto e as de todos os pecadores;

d. oferecer-se a si mesmo a fim de melhor adorar no futuro; oferecer o dom particular de algum sacrifício; rezar para obter maior fidelidade, generosidade, perseverança;

3.º - *Conclusão*. À consideração sucede o *afeto*. É a chama que irradia do foco; é o amor da Verdade e da Bondade conhecidas que se traduz em sentimentos diversos.

Não há outra regra para o sentimento senão a impressão da Luz, da Graça do momento; é preciso segui-la e dela se alimentar, o que, aliás, é simples e natural.

a. Assim é natural amar a Verdade, a Bondade, a Virtude de Jesus Cristo, uma vez compreendidas, contemplá-las com delícia, louvá-las, exaltá-las acima de todas as coisas, desejá-las, a elas apegar-se e unir-se. Eis a contemplação, a adoração do amor.

b. A esse ato inicial segue-se naturalmente outro: a ação de graças. É a alma agradecendo a Nosso Senhor ter-se ele manifestado a ela, ter-lhe dado essa prova de amor, esse dom de sua Graça, a ela de preferência a tantos outros; tê-la colocado entre o número de seus amigos mais íntimos. É o reconhecimento do amor.

c. Torna-se natural, então, ao adorador, recolher-se em si mesmo e dizer: "Mas quem sou eu para merecer tanto amor, tantos favores? Quem sou eu, para que Jesus me ame e me distinga desta forma? Não é minha alma fraca e tíbia em se tratando do seu serviço? Não lhe foi meu coração infiel, minha vontade rebelde? Não se entregou o meu corpo à indolência, à sensualidade, à vaidade?" Munido dessas impressões, ele humilha-se, prostra-se aos pés de Jesus com São Pedro, e exclama: "Senhor, afastai-vos de mim, que sou um nada, um pecador!" Chora, com Madalena. Pede misericórdia, com o publicano. Quer, finalmente, servir melhor ao bom Mestre, promete-o, e fá-lo-á mediante sua Graça. Tal o amor contrito.

d. A alma não se detém nas lágrimas de arrependimento; quer ainda lavar sua covardia no próprio sangue; quer reparar sua culpa, retomar o seu lugar de honra, tributar ao divino Mestre a glória que lhe fez perder. E ei-lo, o adorador, que, para melhor se consagrar ao serviço de Jesus, e melhor lhe procurar a maior glória, lhe faz um dom total absoluto e perpétuo de si mesmo. Servi-lo-á por mera dedicação. Jesus Cristo será o seu Senhor, e ele o seu ditoso servo; será o seu Rei, e ele o soldado de sua glória; será o seu Salvador, e ele o seu liberto reconhecido; será o seu Deus, o Deus de seu coração, o Deus de sua vida, o Deus de sua eternidade. Tal a dedicação do amor.

Guardai bem estas quatro palavras: o amor adora, rende graças, chora suas culpas, e finalmente dá-se todo à maior glória de Jesus: *"Ama, gratias age, dole, te dona"*.

Para dar a cada um desses sentimentos o seu pleno desenvolvimento e poder, convém associar-se a alma aos atos de adoração, de ação de graças e de amor dos Santos, mormente daqueles que foram mais devotos do Santíssimo Sacramento e, de modo especial, da Virgem Santíssima, Mãe e Rainha dos filhos do Cenáculo; e de São José, o primeiro modelo dos adoradores.

Assim, esses quatro atos respondem aos quatro fins do Sacrifício, enquanto respondem também às necessidades da alma; são a expressão espontânea do amor, o mesmo fim da oração.

Podemos, pois, formulá-los sobre cada tema de oração e de adoração. Muitas vezes a alma em horas de aridez, de incapacidade, precisa ser guiada, estimulada por um método natural. Observa-o de início, como que maquinalmente, mas depois o espírito se abre à verdade, o coração retoma sua vida, a vontade sua força, e ei-la novamente ativa, cheia de afetos na oração. Deu prova de boa vontade, caminhou por obediência, cegamente, e Deus veio recompensá-la logo, manifestando-se-lhe em seu Amor, como a Madalena no Santo Sepulcro.

Convém, para fixar o espírito e evitar divagações, dividir os quatro temas da meditação em quatro quartos de hora. Assim a hora se passará fecunda e deliciosa e nos admiraremos de ela já ter acabado! É que a alma, variando os atos, está sempre na abundância, sempre renovada. Está com Nosso Senhor na graça de seu tema, e não consigo mesma, na distração do espírito e na tristeza de coração.[1]

III

Modelos de adoração

O fim da adoração eucarística é render a Jesus Cristo no Santíssimo Sacramento as mesmas homenagens

---

[1] A fim de auxiliar as almas ainda pouco familiarizadas com a oração, daremos, em seguida ao Diretório, alguns temas eucarísticos expostos segundo as regras acima. (Adiante, à pág. 149)

divinas que ele recebeu na terra nos dias de sua Vida humana e que agora recebe na glória do Céu.

Os santos Evangelhos contam as homenagens prestadas em vida ao Salvador, e São João nos descreve as homenagens da Corte Celeste. Meditemos numas e noutras para nelas descobrir o modelo de nossas próprias adorações.

1.º - As homenagens prestadas a Jesus durante a Vida mortal estão de acordo com o seu estado.

Na terra, Jesus recebeu, em primeiro lugar, as homenagens de sua santíssima Mãe. Quão santas, e quão perfeitas foram as adorações de Maria, adorando o Verbo encarnado em seu seio virginal, adorando-o, primeira de todos, à sua entrada no mundo, no palácio da pobreza, no trono de amor do presépio, enfaixado pobremente e deitado sobre a palha! Nunca o Verbo dera prova de tamanho amor, mas também nunca recebera homenagens tão doces e tão ternas!

Quão piedosas e humildes foram as adorações de José, guarda e primeiro servo de Jesus! Com que Fé servia a Nosso Senhor! Com que humildade lhe prestava os serviços próprios de sua idade! Com que fervor o adorava! Com que amor sofria por ele todos os sacrifícios – o exílio no Egito, a pobreza de Nazaré! São José é, portanto, o primeiro, bem como o modelo de todos os verdadeiros adoradores.

Durante longo tempo o Verbo encarnado não teve ninguém que o adorasse, senão José e Maria, mas comprazia-se em suas homenagens mais que nas de todas as outras criaturas.

As adorações dos Reis Magos merecem também nossa admiração, e são o modelo acabado das visitas ao Santíssimo Sacramento. Os Magos vêm de longe, deixam tudo, caminham jubilosos; procuram a Jesus e, tendo-o encontrado, cercam-no de honrarias, confessam sua excelência, adoram-no com profunda humildade e magna reverência. Contemplam os sacrifícios de seu Amor com terna admiração e tornam-se seus discípulos; oferecem-se a Jesus para servi-lo; dão-lhe em homenagem suas coroas e tudo quanto têm de precioso; e depois voltam ao país natal, para serem os apóstolos do Deus encarnado que se fez pequeno, pobre e sofredor por amor aos homens.

Quão viva é a fé do cego de nascença, prostrando-se aos pés de Jesus, seu benfeitor, e ouvindo-o dizer: "Aquele que fala contigo" (Jo 9,37), que é o Cristo!

Quão humilde e penitente é a adoração de Madalena aos pés do Salvador!

Quão comovente é a fé do centurião: "Senhor, não sou digno de que entreis em minha casa, mas dizei uma só palavra, e meu servo ficará são" (Mt 8,8). Quão grande e eloqüente é a fé da cananéia, pedindo de joelhos umas migalhas de pão caídas da mesa do Senhor!

Uma das mais belas adorações é, porém, a do Calvário. Aí, Jesus é adorado por todos os seus títulos, por todas as suas virtudes, por toda a realeza do seu Amor. O bom ladrão adora-o como a seu Rei Salvador; Madalena, como a seu Mestre muito querido; João, como ao seu Deus de Amor; enquanto o amor de Maria reveste todas essas qualidades e todos esses estados. Finalmente, os próprios carrascos, convertidos, adoram-no, proclamam-no o Filho de Deus, e, prostrando-se aos pés da Cruz, fazem-lhe a primeira reparação pública e solene, no local mesmo de seu deicídio.

Tais as adorações da terra; o adorador deve continuá-las diante do Santíssimo Sacramento, esse Nazaré perpétuo da Vida oculta de Jesus, esse Calvário que renasce sempre, esse Cenáculo permanente; deve inspirar-se nas virtudes e na piedade desses primeiros adoradores.

2.º - As homenagens do Céu são mais belas ainda. É a adoração na glória, na posse eterna e perfeita do próprio Deus.

Ouçamos São João, quando nos descreve no Apocalipse as adorações dos Anjos e dos Santos:

"Ao redor do trono estavam vinte e quatro anciãos sentados, cingidos de vestes brancas, tendo em suas cabeças coroas de ouro... e em face do trono, e ao redor do trono, quatro animais (símbolos dos quatro Evangelistas) cheios de olhos por diante e por detrás... cada um deles tinham seis asas... e não tinham descanso dia e noite, dizendo: Santo, Santo, Santo, é o Senhor Deus onipotente, que era, que é, e que há de vir. E, quando aqueles animais davam glória, honra e bênção ao que estava sentado sobre o trono, e que vive nos séculos dos séculos, os vinte e quatro anciãos prostravam-se diante do trono e adoravam Aquele que vive pelos séculos, e lançavam as suas coroas diante do trono, dizendo: Digno és, Senhor nosso Deus, de receber a glória, a honra e o poder, porque tu és que criaste todas as coisas, e por causa da tua vontade é que existem e foram criadas" (Ap 4,4-11).

"E olhei, e eis que no meio do trono e dos quatro animais, e no meio dos anciãos, estava de pé um Cordeiro e como se imolado... E veio, e tomou o livro de sete selos da mão direita do que estava sentado no trono. E, tendo ele aberto o livro, os quatro animais e os vinte e quatro anciãos prostraram-se diante do Cordeiro, tendo cada um harpas e taças de ouro cheias de perfumes; os quais são as orações dos Santos. E cantavam um cântico novo, dizendo: Digno és, Senhor, de receber o livro e de abrir os seus selos, porque foste morto, e nos remiste para Deus com o teu Sangue, aos de toda a tribo, língua, povo e nação. E nos fizeste para o nosso Deus reino e sacerdotes; e nós reinaremos sobre a terra. Vi ainda, e ouvi a voz de muitos Anjos em redor do trono, e dos animais, e dos anciãos; e o número deles era milhares de milhares, que diziam em voz forte: O Cordeiro, que foi imolado, é digno de receber o poder, a divindade, a sabedoria, a fortaleza, a honra, a glória e a bênção. E a toda criatura que há no céu, na terra, e debaixo da terra, e às que estão no mar, e ao que aí existe, ouvi todos dizendo: Aquele que está sentado no trono e ao Cordeiro, bênção, honra, glória e poder, nos séculos dos séculos. E os quatro animais diziam: Amém. E os vinte e quatro anciãos prostraram-se com a face no chão, e adoraram ao que vive pelos séculos dos séculos" (Ap 5,6-14).

Tal a adoração do Céu, as homenagens dos Santos, seus louvores, seu reconhecimento. Aqui também encontramos modelos a meditar e a imitar. Procuremos reproduzir ao pé da Hóstia essa majestade, essa grandeza, essa adoração generosa e aniquilada da Corte Celeste

ARTIGO III

Da Santa Missa

Os agregados participarão diariamente da santa Missa, à medida que lho permitirem os seus deveres de estado.

A Santa Missa, renovando a imolação do Salvador, e aplicando-nos pessoalmente todo o mérito do Sacrifício da Cruz, é o ato religioso maior e mais santo, é o mais meritório para o homem e mais glorioso para Deus.

ARTIGO IV

Da Sagrada Comunhão

I

A Sagrada Comunhão é a derradeira graça de amor, e nela Jesus Cristo se une espiritual e realmente ao fiel, a fim de nele produzir a perfeição de sua Vida e de sua Santidade. A alma adoradora deve, pois, tender à Comunhão, à Comunhão freqüente e até cotidiana, por tudo quanto a piedade, as virtudes e o amor podem inspirar de bom, de santo e de perfeito.

Jesus disse: "Se não comerdes a Carne do Filho do homem e não beberdes o seu Sangue, não tereis a Vida em vós... Aquele que come o meu Corpo e bebe o meu Sangue permanece em mim e eu nele... Aquele que me come por mim viverá" (Jo 6,54.57.68).

A Sagrada Comunhão é ainda a graça, o modelo e o exercício de todas as virtudes; é, para os adoradores, o meio de santificação mais proveitoso entre todos.

É o próprio Jesus que neles virá formar seu espírito, suas virtudes, seus costumes. Chegar-se-ão, pois, à Comunhão para serem instruídos e dirigidos pelo bom Mestre, com cordial humildade e boa vontade, considerando a Sagrada Comunhão como o meio, maior e universal, da santidade de Jesus.

Mas, para que adquira pleno poder, é preciso que a Comunhão se lhes torne a idéia dominante do espírito e do coração, o fim que se propõem em todo estudo, em toda piedade, em toda virtude. Já que Jesus é "o fim da lei", deve também ser o fim da vida.

Darão à Sagrada Comunhão um quarto de hora de preparação, e quando possível meia hora de ação de graças. É razoável que a ação soberana da vida mereça as primícias e a preferência do coração do fiel. E a alma aprenderá mais, passando alguns instantes com Jesus, que passando mil anos com os sábios e os livros.

II

A alma adoradora deve produzir em si mesma, e sacar, de seus próprios fundos, os atos para a Sagrada Comunhão. Serão assim mais naturais e mais agradáveis a Deus. Como preparação imediata à visita do Senhor, convém fazer os quatro atos seguintes:

1.º - Adorar a Jesus Hóstia, que a ela se chega, animada de um sentimento duma fé viva, e prestar-lhe a homenagem de todo o seu ser e o dom régio do seu coração.

2.º - Render graças pelo dom tão insigne do Amor de Jesus, por esse convite à sua Mesa eucarística que lhe dirige, a ela de preferência a tantas outras, melhores e mais dignas que ela de o receber.

3.º - Lançar, depois de ter contemplado o doador e seu excelso dom, um rápido olhar para si mesma, a ver sua pobreza, suas imperfeições, suas dívidas; humilhar-se à vista de sua baixeza e dos pecados que cometeu; chorá-los novamente, reconhecendo que a tornaram indigna, e pedir graça e misericórdia. Imaginar depois ouvir estas doces palavras do Salvador: "Porque sois pobre, chego-me a vós; porque estais doente, venho curar-vos. Foi para dar-vos minha Vida e fazer-vos participar de minha Santidade, que me fiz Sacramento: Vinde com confiança, dai-me vosso coração, é só o que vos peço".

4.º - Rogar finalmente a Nosso Senhor que levante todos os obstáculos e dela se aproxime. Desejar, suspirar por essa hora de vida e de felicidade, disposta a sacrificar tudo, a dedicar-se a tudo por uma única Comunhão!

III

Aproximai-vos da mesa da Comunhão, os olhos baixos, as mãos postas, o porte respeitoso; andai gravemente, simplesmente. Ajoelhai-vos alegre e feliz de coração.

Ao comungar, erguei a cabeça, baixai os olhos, abri modestamente a boca, ponde a língua, umedecida, sobre o lábio inferior, e conservai-a imóvel, até que o sacerdote nela tenha colocado a Hóstia Santa.

Deixai um instante, se quiserdes, a Hóstia repousar sobre a língua, a fim de que Jesus, Verdade e Santidade, a purifique e santifique.

Depois, quando a Hóstia Sagrada estiver em vosso peito, ponde vosso coração aos pés do divino Rei, vossa vontade às suas ordens, vossos sentidos ao seu serviço real. Prendei vosso espírito junto ao seu trono, a fim de que não se afaste mais, ou antes colocai-o aos seus pés, para que Jesus dele esprema todo orgulho, toda leviandade.

IV

Depois de prestar esta primeira homenagem de vossa pessoa, entregai-vos, na ação de graças, à Bondade divina para convosco; louvai o Amor do Salvador, que se digna dar-se a uma criatura tão pobre e tão ingrata. Oferecei-vos e consagrai-vos ao seu serviço com toda a perfeição e segundo Graça de vossa vocação.

Empregareis com proveito os atos pelos quatro fins do Sacrifício:

1.º - Adorai a Jesus em vós; exaltai o seu Poder; louvai a sua Bondade; bendizei o seu Amor.

2.º - Agradecei-lhe ter-vos honrado de tal modo, ter-vos amado tanto, e ter-vos dado tantos dons nessa Comunhão.

3.º - Chorai ainda a seus pés os vossos pecados com Madalena, pois o amor penitente precisa chorar.

4.º - Pedi-lhe a Graça de nunca mais o ofender; protestai que antes preferis a morte ao pecado.

Oferecei-lhe um ramalhete de amor, isto é, algum sacrifício penoso à natureza e que fareis por amor a ele.

Rezai em seguida pela santa Igreja, pelo Papa, pelo vosso bispo, vosso pároco, vosso confessor.

Depois, rezai pelos vossos pais, parentes e amigos; pela conversão dos pecadores e sobretudo daqueles pelos quais vossa caridade mais se interessa.

Rezai enfim, e sobremodo, para que Jesus seja conhecido, amado e servido por todos os homens.

Antes de vos retirar, recitai algumas orações nas intenções do Sumo Pontífice, para poder lucrar as indulgências presas a tal condição.

No correr de todo dia, sede qual vaso que tivesse recebido um perfume precioso, qual santo que tivesse passado uma hora no Céu. Não esqueçais a visita régia de Jesus.

ARTIGO V

Do culto eucarístico

I

O serviço de Nosso Senhor no Santíssimo Sacramento deve ser litúrgico em forma e em espírito.

Todo serviço tem uma lei que determina os deveres inerentes, uma regra que prescreve os pormenores e a ordem a seguir. Assim também o cerimonial da corte do rei impõe-se de modo absoluto aos súditos e aos servos.

Deus mesmo, depois de promulgar no monte Sinai sua grande Lei para todos os homens, quis ainda determinar a forma de seu culto. Regulou até os menores deveres, e os impôs ao seu sacerdote e a todo o povo, sob as mais severas penas. É que no serviço de Deus tudo é grande, tudo é divino.

Já que Deus decretou o cerimonial de seu culto, só quer receber as homenagens que prescrevem e como as prescrevem. Ao homem só compete ajuntar a homenagem de seu amor respeitoso e de sua fiel obediência.

Jesus Cristo não estabeleceu leis formais para o seu culto. Contentou-se em dar-nos a adorável Eucaristia como fim e objeto de nossa religião, e o preceito do amor para regular as homenagens interiores que lhe devemos prestar.

Mas confiou aos Apóstolos e à Igreja Romana a missão de determinar o cerimonial do culto exterior e público.

A santa liturgia romana é, portanto, soberanamente augusta e autêntica. Chega-nos de Pedro, o chefe dos apóstolos, a pedra fundamental da fé e de toda a religião. Cada Papa guardou-a e transmitiu-a, com todo respeito, aos séculos seguintes, e soube acrescentar, conforme as necessidades da fé, da piedade e da gratidão, e na plenitude de sua autoridade apostólica, novas fórmulas, ofícios e ritos sagrados.

É santa, essa liturgia romana, pela honra que presta a Deus, pelas virtudes que exerce, pelas Graças que dela dimanam.

É católica, porque é uma em seu culto. Essa uniformidade de rito constitui identidade de vida na Igreja. Celebra-se no mundo inteiro a mesma festa, reza-se a mesma oração. Quando rezo liturgicamente, rezo com toda a Igreja de Deus.

A santa liturgia romana é, pois, a regra universal e inflexível do culto eucarístico.

Devemos observá-la com religiosa piedade, estudar-lhe as regras, meditar-lhe o espírito. A perfeição do servo fiel está na ciência e na virtude de seu dever.

Essa lei litúrgica é o único culto legítimo e agradável à soberana Majestade de Deus, como expressão pura e perfeita da fé e da piedade de sua Igreja.

Tudo o que for contrário ao culto deve ser condenado e eliminado; tudo o que lhe for estranho deve ser considerado sem valor, como, não tendo nem a graça da Igreja nem sua sanção. Só o que estiver dentro da letra, do espírito ou da piedade do culto católico deve ser estimado e praticado. Observando esta regra, os adoradores evitarão todo erro na fé prática, toda ilusão e superstição, que tão facilmente se insinuam numa piedade entregue a si mesma.

A ciência mais própria a alimentar a fé e a piedade dos adoradores, é incontestavelmente a ciência litúrgica, considerada no espírito de suas cerimônias: são os Mistérios de Jesus Cristo representados e honrados nas Graças e nas virtudes que lhes são próprias. O fiel que souber honrá-las deste modo pelo culto sagrado continuará as virtudes e o amor daqueles que, durante a Vida mortal do Salvador, foram os primeiros adoradores. O culto é toda a religião em movimento.

II

É próprio do culto eucarístico ser sempre festivo. É que a sagrada Eucaristia é a alegria incessante da terra. Mas esse culto deve ser régio quando o Santíssimo Sacramento está exposto. Então é a Festa do Corpo de Deus sempre renovada, é o Rei divino sobre o seu Trono de Graça, em todo o esplendor de seu Amor, cercado das homenagens piedosas de seus servos.

A santa Igreja regulou a natureza e a quantidade da luminária eucarística. Quer que os círios, que ardem no altar da Exposição, sejam todos de cera branca e pura. Essa cera é o símbolo da pureza de alma; é o fruto do trabalho da abelha virgem, é como que a essência de todas as flores odoríferas com que o Criador embelezou a natureza, imagens perfeitas das virtudes, essas belas flores do amor divino.

Doze círios devem sempre arder perante o Santíssimo Sacramento solenemente exposto. Doze é o número apostólico. Essas velas ardem e consomem-se perante o Trono do Cordeiro; assim também a vida do adorador deve luzir, arder e consumir-se para a maior glória do Mestre. É outro João Batista, de quem Jesus dizia que era uma luz ardente e brilhante, – e o humilde precursor só tinha um desejo: que Jesus crescesse e reinasse e que ele diminuísse e se eclipsasse diante do Sol divino. Por isso, uma das devoções mais caras aos agregados devia ser a oferta de círios para o altar, círios que fossem como a chama de seu amor, a prece de seu coração, a homenagem de sua família. Nada é simbólico, nada é poderoso como esse ex-voto eucarístico.

A Igreja escolheu a cor branca como própria do culto do Santíssimo Sacramento. Nas festas eucarísticas, os paramentos dos ministros, a roupa de Altar, os adornos do Tabernáculo, o pálio que cobre o Trono da Exposição, tudo é branco, como o Deus de luz e de pureza a quem honramos.

Durante a Exposição solene das Quarenta Horas, manda a regra que todas as relíquias, quadros ou estátuas, excetuando as dos Anjos adoradores, sejam retirados do Altar e do Santuário. Diante de Jesus Cristo presente, suspende-se todo culto secundário, pois tanto os olhos do adorador como o seu coração só se devem fixar na Hóstia adorável.

A santa Igreja exige o máximo respeito diante do Santíssimo Sacramento, sobretudo quando exposto. Então deve reinar um silêncio ainda mais absoluto, uma atitude ainda mais respeitosa; o ligeiro sofrimento, preso ao recolhimento, já vale por uma bela homenagem de virtude. Quisera a Igreja que ninguém se sentasse em presença do Santíssimo Sacramento; se, no entanto, tolera semelhante uso, só devemos a ele recorrer quando de absoluta necessidade.

Diante da Exposição solene a santa Liturgia não se contenta com a genuflexão simples, quer a prostração dupla, à imitação dos vinte e quatro anciãos diante do Trono do Cordeiro celeste.

Assim, nas homenagens do culto, tudo visa significar a homenagem íntima da alma, sua adoração respeitosa e profunda.

Santa Teresa dizia que de bom grado daria sua vida pela menor cerimônia da Igreja. É que compreendia bem o seu valor. Possam os agregados dar-lhe pelo menos seu respeito, sua devoção, seu amor.

III

As festas eucarísticas

A Santíssima Eucaristia, como os demais Mistérios do Salvador, tem seus triunfos e suas festas terrenas.

Cada qual deve concorrer para abrilhantá-las e santificá-las, como sendo as festas de seu Pai, que está nos Céus, de seu Rei e de seu Deus, vivendo no meio dos homens. Cada qual deve oferecer seu dom, sua homenagem: honrar a Jesus Cristo e honrar-se a si mesmo.

As Quarenta Horas da paróquia serão dias celestes para os agregados. Celebrá-las-ão vestindo roupa de gala, recebendo a adorável Eucaristia, e fazendo adorações cheias de zelo. A corte celeste e a corte terrestre devem unir-se em homenagens fraternas prestadas à glória do Rei divino. Cada qual deve, como os israelitas do deserto, emprestar, para a decoração do Altar e do Templo, tudo quanto possui de belo e de precioso, a fim de ornar a verdadeira arca de aliança, o Trono de Jesus Cristo. Será uma bênção para a família e uma piedosa lembrança.

A Festa do Corpo de Deus é a Festa Régia da Igreja e o triunfo público da adorável Eucaristia. É o Rei divino que vem em pessoa visitar seus filhos, santificar-lhes as artérias das cidades, abençoar-lhes as moradas e os trabalhos. Quem tiver um pouco de fé deve ajudar a ornar o local da passagem de Jesus Cristo e erguer-lhe arcos de triunfo e belos Altares O Santo dizia: "des reposoirs magnifiques" Não o merece ele muito mais que os reis da terra, para quem não medimos esforços, a quem tratamos com tanta cortesia? Então será, ao mesmo tempo, a homenagem solene de nossos corações, e uma reparação honrosa pela apostasia dos hereges, pela ingratidão dos maus cristãos, que não têm mais pelo seu Salvador e pelo seu Deus senão o olhar estúpido de indiferença, ou a vergonha do réu perante o juiz.

Os agregados celebrarão também com piedade particular a festa da Quinta-feira Santa, dia para sempre abençoado da instituição do Sacramento de Amor, e a festa da Epifania, aniversário das primeiras adorações públicas que o Filho de Deus recebeu na terra, aniversário também da primeira Exposição solene da Sociedade do Santíssimo Sacramento.

Os agregados honrarão com culto especial os padroeiros da Sociedade, protetores que são de sua Obra. Em primeiro lugar, a Virgem Imaculada, Mãe e Modelo dos adoradores; depois, São Miguel, glorioso arcanjo; São José, o primeiro servo do Verbo Encarnado e guarda do Trigo de Vida; São Pedro e São Paulo, as duas colunas da fé; finalmente, São João, o discípulo bem querido e o evangelista da Eucaristia.

CAPÍTULO III

Das obras eucarísticas

Se todas as obras eucarísticas merecem que os agregados as auxiliem e por elas zelem, quatro, no entanto, destacam-se e devem ter preferência sobre as demais. São os paramentos do culto, a luminária, a Primeira Comunhão de adultos, e o Santo Viático.

I

Os paramentos do culto

Nosso Senhor baixa do Céu à terra trazendo suas Graças e seu Amor, mas quer dever ao homem sua morada, seu altar, e os adornos de seu culto.

Outrora, os israelitas, homens e mulheres, entregavam jubilosos a Moisés o que tinham de mais precioso para que fosse usado na ornamentação do tabernáculo, na construção da arca santa e no arranjo de tudo quanto devesse servir aos sacrifícios.

A arte cristã foi empregada na Igreja desde os tempos mais remotos para erguer, como expressão de fé e de piedade, suntuosos Templos a Jesus Cristo.

Era honra e glória insigne para nossas mães darem ao altar belíssima roupa branca, e bordarem paramentos que ainda hoje causam admiração.

É que tudo convergia então para a divina Eucaristia, como para um centro divino.

Imitemos tão belos exemplos e saibamos nós também dar a Nosso Senhor. Haverá algo de mais honroso, com efeito, que ver o dom de nossa piedade, o trabalho de nossas mãos, tornar-se coisa sagrada, gloriosa a Deus, e servir de veste a Jesus Cristo?

Mas é preciso que tais dons e objetos de culto sejam conformes à liturgia romana, que lhes determina a matéria e a forma. Antes nada ofertar do que contrariar as regras do culto, pois, antes de tudo, a lei quer ser respeitada.

Assim, a Igreja decretou que as toalhas de altar, ou as que servem para o Santo Sacrifício, bem como as alvas e sobrepelizes, sejam de linho puro ou de cânhamo, e nunca de algodão. As palas e os corporais da Santa Missa devem ser lisos, sem bordado saliente. Os paramentos devem ser de seda e de uma só cor, mormente o véu do cálice, que deve ser todo de seda.

Os vasos sagrados deveriam ser muito puros e belos, e sempre de ouro ou de prata. Haverá algo de precioso demais para o Deus da Eucaristia?[1]

A pobreza do culto revela infelizmente e freqüentemente a fraqueza da Fé! Procuramos economizar em se tratando de Deus, enquanto nada nos recusamos em se tratando do luxo e do prazer.

Nossos pais começavam por Deus, e Deus, contente com seus serviços, acabava por lhes conceder o cêntuplo.

II

A luminária

A luminária é uma das grandes leis do culto eucarístico.

A santa Igreja a prescreve na Missa, sob pena de privação do santo Sacrifício, e perante o Tabernáculo que encerra a sagrada Eucaristia, sob pena de pecado.

A riqueza da luminária constitui a magnificência das festas e distingue-lhes o rito ou a dignidade.

Demais, há nisso um simbolismo notável. Deus é Verdade, e o fogo representa a luz da Fé. Deus é Amor, e o fogo simboliza o amor. Deus é o soberano Senhor, e o fogo que arde e se consome em sua Presença denota nossa adoração respeitosa e a homenagem perpétua de nosso serviço.

---

[1] O Santo aconselhara estes princípios litúrgicos no século XIX.

Deve, pois, constituir para os agregados, piedoso dever honrar o Santíssimo e Augustíssimo Sacramento pelo dom da luminária litúrgica do altar[2] e pelo entretenimento da lâmpada do santuário.

A luminária eucarística ofertada dirige-se diretamente à Pessoa adorável de Nosso Senhor e consome-se toda inteira pela sua glória. O círio da Exposição é uma homenagem solene de fé na presença real de Nosso Senhor Jesus Cristo, e de adoração; é uma homenagem de ação de graças pelo dom tão insigne do Amor de Jesus para com o homem; é uma homenagem de reparação por tantos ultrajes e indiferenças de que Jesus é objeto em seu divino Sacramento; é uma homenagem de súplica, pois a chama do círio de Exposição está sempre a redizer a oração e as necessidades daquele que a ofertou.

---

[2] A obra das Semanas Eucarísticas, que é um ramo da Agregação, visa justamente grupar os fiéis que querem concorrer com ofertas para a ornamentação do Trono da Exposição. Eis o que diz a respeito o Santo: "É bela a obra que honra assim diretamente a Pessoa adorável de Nosso Senhor em seu divino Sacramento; que guarnece o seu Trono, ilumina o seu Altar e permite expô-lo solenemente às adorações dos fiéis. É amável a obra que permite a cada fiel oferecer ao sumo Rei do céu e da terra, exposto sobre o Trono de Graça e de Misericórdia, a homenagem de seu amor por essa luminária pessoal, por essas flores que ornam e perfumam o altar e, sobretudo, pelo coração que se oferece com seus dons. É santa a obra que alegra a Igreja pela ostentação do culto prestado ao seu divino Esposo; que enche as almas aflitas com consolação e júbilo, pela Presença de seu Senhor e de seu Deus, tornado mais sensível aos seus olhos; que toca o coração dos pecadores e os converte pela doce e salutar influência da Exposição do Santíssimo Sacramento. É pois honra insigne, é ato piedoso de religião, é meio poderoso de Graça, oferecer ao Rei Jesus, exposto sobre o altar, um círio de adoração.

III

A Primeira Comunhão de adultos

Uma das obras eucarísticas mais agradáveis a Deus e à santa Igreja é aquela que garante à santíssima Eucaristia a honra e o respeito que lhe são devidos por parte dos comungantes.

Tal é a *Obra da Primeira Comunhão de Adultos*, cujo fim é instruir e preparar a recepção do Pão de Vida aqueles cuja idade maior, ou cujo trabalho, impede de tomar parte nos catecismos paroquiais, e que ficam para sempre privados dos benefícios da Eucaristia. Esta bela Obra reclama da parte dos agregados zelo e dedicação.[3]

Além do estado de Graça exigido para o se aproximar da Mesa Eucarística e nela sorver a Vida da alma, o comungante deve ainda trazer a túnica nupcial do corpo, isto é, vestir-se decente e apropriadamente, como para um dia de festa. Quantas crianças pobres, quantos infelizes convivas, não tendo com que comprar essa veste nupcial, não ousarão ir maltrapilhos receber seu doce Salvador! Seriam, de certo, acolhidos com igual bondade pelo seu Coração paternal, mas sua religião ficaria humilhada, sua honra ferida e sua virtude talvez demasiadamente provada. Que bela obra então a de vestir esse novo tabernáculo! É a mais doce esmola ao coração

---

[3] Aquilo que o Santo Eymard diz aqui da obra da Primeira Comunhão de adultos, que lhe era tão cara, é a simples aplicação de um princípio mais geral: segundo as circunstânscias de lugar e de pessoa, os agregados se dedicarão, quer a preparar à Primeira Comunhão os retardatários, quer a preparar as criancinhas desde o uso da razão.

amante, e ao mesmo tempo é uma lição de virtude para aquele que se torna o objeto dessa caridade. A decência e decoro exterior do comungante inspiram-lhe, com efeito, sentimentos mais elevados e piedade mais nobre e mais fervorosa; ele recupera então sua dignidade de homem e de cristão, bem como a honra e a altivez da virtude.

É desejo da santa Igreja que todos os comungantes se cheguem à Mesa Sagrada como a um banquete real, em que tanto o corpo quanto a alma honrem, pela sua beleza, o Deus do Céu.

Tenham, pois, os agregados a peito responder a semelhante desejo, e sejam os primeiros a dar o exemplo de decoro e de verdadeira piedade. Evitem, como se escândalo fosse, chegarem-se à Mesa Sagrada vestidos com negligência; mas tragam, pelo contrário, suas vestes de gala, cada qual segundo a sua condição, e sejam estas vestes realçadas pelas gemas preciosas da santa modéstia cristã.

IV

O santo Viático

O santo Viático é Jesus indo visitar, consolar, dar-se em Comunhão aos pobres doentes, e levar-lhes pessoalmente todos os socorros. Se sua aparição por entre os seus é menos solene que nos dias de procissão pública, será mais amável e comovente. O amor de Jesus Cristo, a caridade pelos nossos irmãos, devem levar-nos a compor o piedoso cortejo do santo Viático; pois onde está o Corpo, devem estar as águias, isto é, as almas fervorosas e dedicadas. Quem ama ao Rei, honra-o igualmente sob todas as formas. Ama a sua pessoa, e não o seu brilho exterior.

O amor do Deus da Eucaristia deve ir mais longe ainda; deve preocupar-se em saber se Jesus será recebido digna e decentemente na casa do enfermo; e, na falta de discípulos para preparar-lhe a vinda, oferecer-se para esse cargo honroso, a fim de que o asseio e a decência honrem a Presença de Nosso Senhor. Será preciso preparar com antecedência tudo quanto for necessário à administração da Unção dos enfermos: uma mesa coberta com uma toalha branca, um crucifixo, dois círios, água benta…, algodão numa bandeja, um pouco de miolo de pão, água, e uma toalha. O leito do doente deve estar coberto com um lençol branco. Estes preparativos religiosos inspiram respeito e piedade para com a santíssima Eucaristia.

Mas o dever primordial da caridade é dispor os doentes para receberem estes Sacramentos… A ação de graças, depois dos Sacramentos recebidos, é o momento mais proveitoso para o doente. Importa cuidar para que, em tão precioso momento, possa ficar recolhido, sugerindo-lhe aspirações, curtas mas fervorosas, de reconhecimento, de oferta de si mesmo, de amor à adorável Vontade de Deus, de santos desejos de a ele se unir.

PARTE II

DA DEVOÇÃO A MARIA, RAINHA DO CENÁCULO

A devoção a Nossa Senhora, Virgem Santíssima e Imaculada, é uma conseqüência rigorosa da fé em Jesus nosso Salvador. O culto de Maria acompanha o amor de Jesus, seu divino Filho.

Como adorar, com efeito, a Jesus Cristo, sem honrar aquela que no-lo deu? Como amar a Jesus, sem amar a Maria, sua terna e divina Mãe, que tanto o amou?

A devoção a Maria é, pois, dever filial de todo cristão.

Grande e universal é o seu culto na Igreja. Cada mistério de sua vida tem uma família a honrá-lo, cada virtude sua tem discípulos, que a escolheram como regra e alegria de sua vida.

Mas, entre os mistérios da vida de Maria, há um que a todos resume em santidade e em ensinamentos: é a vida de Maria no Cenáculo, onde Jesus instituiu a divina Eucaristia, onde fixou seu primeiro Tabernáculo

A ocupação habitual de Maria era adorar o seu divino Filho sob os véus eucarísticos, e dedicar-se à sua glória numa missão contínua de oração.

É a vida de adoração de Maria que os adoradores devem por conseguinte honrar com um culto todo especial, e fazer honrar no mundo devoto. Os adoradores carecem de um modelo e de uma mãe no exercício de sua vocação sublime.

A Virgem Santíssima, eis o seu acabado modelo. Foi ela na terra a primeira e mais perfeita adoradora de Jesus, e prestou-lhe, pelas suas adorações, maior honra e glória que jamais lhe prestarão os Anjos e os Santos.

A divina Mãe de Jesus, eis a sua Mãe. Jesus na Cruz cedeu-lhes o lugar e os direitos sobre seu Coração tão terno. A missão de Maria é educar os filhos do Calvário, amoldá-los em Jesus seu Salvador, torná-los dignos de seu Amor, adoradores perfeitos de sua Pessoa adorável no Santíssimo Sacramento do Altar.

Os agregados devem, pois, estudar a vida de Maria no Cenáculo, honrar e servir a Jesus em união com Maria, para, em breve, se tornarem adoradores perfeitos.

No Cenáculo, Maria ocupa-se sem cessar em adorar a santíssima Eucaristia, vivendo da vida eucarística de Jesus, e dedicando-se à glória de Jesus e ao seu Reinado Eucarístico. Estudemos estes três aspectos da vida de nossa Mãe ao pé do Santíssimo Sacramento.

CAPÍTULO I

Maria adoradora

I

Maria foi sempre a primeira adoradora de Jesus em todos os seus Mistérios. Convinha, com efeito, que coubesse a Coração tão puro e tão inflamado de amor a honra da primeira homenagem, e que recebesse a Graça inicial a fim de no-la comunicar. Foi Maria quem primeiro adorou o Verbo Encarnado em seu seio virginal; quem, ao vê-lo nascer, lhe ofereceu o primeiro dom de amor, lhe fez a primeira profissão de fé. Foi ainda Maria quem, nas bodas de Caná, adorou o seu Poder e o desatou em prol dos homens. Primeira foi também a adorar a Jesus na Cruz e a unir-se a seu Sacrifício.

Mas é ao pé do Tabernáculo que a adoração de Maria desabrocha em todo o seu primor, em sua incomparável excelência.

1.º - Aí, ela adora a Jesus em seu *estado permanente*, e não em estados passageiros. É o Rei sobre o Trono perpétuo de seu Amor, preso na terra até o fim do mundo, num Mistério que a todos os outros resume e contém.

É por isso que Maria passa os dias e as noites ao pé da divina Eucaristia, a morada de sua eleição, onde seu bem-amado Jesus vive e reina. Que doce e amável sociedade se estabelece entre o Filho e a Mãe! Sem a Eucaristia, Maria não teria podido viver na terra; com a Eucaristia, a vida lhe sorri, pois possui a Jesus, de quem se torna adoradora, por estado e por missão. E os vinte e quatro anos do Cenáculo, Maria os passará, quais vinte e quatro horas do dia, no exercício habitual de adoração.

2.º - Maria adora a Jesus-Hóstia com a mais viva e mais perfeita *fé*.

Adorava, como nós, o que não via. E nisto está a essência e a perfeição da fé. Oculto pelo véu obscuro, revestindo aparências inertes, ela reconhecia a seu Filho e seu Deus com certeza maior que a dos sentidos; confessava a realidade de sua Presença e de sua Vida; honrava-o em todas as suas qualidades e grandezas. Adorava a Jesus velado, oculto sob forma estranha, mas seu amor rompia a nuvem e ela lançava-se aos Pés sagrados de Jesus, a quem venerava com o mais terno respeito; tomava-lhe as Mãos santas e veneráveis, que tinham carregado o Pão de Vida; bendizia os Lábios sagrados que haviam pronunciado estas palavras adoráveis: "Este é o meu Corpo: comei-o. Este é o meu Sangue: bebei-o". Maria adorava esse Coração todo abrasado de Amor, donde saíra a sagrada Eucaristia. Teria querido abismar-se, aniquilar-se, perante a Majestade divina aniquilada no Sacramento, a fim de prestar-lhe toda a honra e todas as homenagens que lhe são devidas.

Assim honrava a Presença de seu Filho pelo respeito exterior, piedoso e profundíssimo, e ficava de joelhos, as mãos postas, ou cruzadas sobre o peito, ou, quando a sós, estendidas, ao Deus prisioneiro de Amor. Tudo nela respirava o recolhimento. Os seus sentidos se compunham numa perfeita modéstia. Só a vista de Maria, adorando a Jesus, despertava a fé, inspirava devoção, e inflamava o fervor dos fiéis.

3.º - À homenagem de sua fé humilde e devota, Maria acrescentava a homenagem do *amor reconhecido*. Depois de se ter abismado no sentimento da Grandeza e da Majestade divinas, erguia a cabeça na direção desse Tabor de Amor, para contemplar-lhe a Beleza e a Bondade inefáveis no ato soberano da Eucaristia. Sabia tudo quanto esse dom custara ao Filho em lutas e sacrifícios. Quão feliz se sentiu quando, antes da última Ceia, Jesus lhe revelou que soara a hora do triunfo de seu Amor; que ele ia instituir seu adorável Sacramento, pelo qual havia de sobreviver e perpetuar-se na terra, então cada fiel, partilhando a felicidade da Mãe de Deus, poderia recebê-lo, como ela, em seu corpo, vê-lo de certo modo, e fruir, em seu estado sacramental, de todas as graças e de todas as virtudes dos Mistérios de sua Vida passada. Depois do dom da Eucaristia, Deus nada mais poderia dar ao homem senão o Céu! Ao ouvir tão ditosa nova, Maria prostrou-se aos pés de Jesus, e abençoou-o com efusão pelo imenso Amor que tinha aos homens, e a ela, sua serva indigna; ofereceu-se para servi-lo em seu adorável Sacramento; consentiu em retardar a hora de sua recompensa, a fim de permanecer na terra como adoradora, de guardá-lo, de amá-lo e de morrer em seguida ao pé do Tabernáculo divino.

Ora, em suas adorações no Cenáculo, Maria reanimava diariamente tais sentimentos. À vista desse Deus que se aniquila por ela até revestir a aparência do pão, rompia em transportes de reconhecimento. Louvava com toda a sua alma essa Bondade acima de todo louvor; bendizia e glorificava esse Coração sagrado que inventara e realizara a maravilha do Amor divino. Rendia perpétua ação de graças por esse Dom acima de todo dom, por essa Graça, fonte de toda graça. Ardia em presença da Hóstia Santa, e lágrimas de ternura e de júbilo corriam-lhe pela Face. Seu Coração não podia conter o ardor de seus sentimentos para com seu Jesus. Teria querido morrer e consumir-se de amor a seus pés.

4.º - Finalmente Maria *oferecia-se* toda inteira ao serviço de amor do Deus da Eucaristia, pois o perfeito amor não tem condições nem reservas, não cogita mais de si, não vive mais para si; é estranho a si mesmo e não pode viver senão para o Deus de seu coração. Tudo em

Maria a levava ao serviço eucarístico de Jesus, como ao seu centro e fim. Uma corrente de Graça e de Amor estabelecia-se entre o Coração de Jesus-Hóstia e o Coração de Maria adoradora: eram duas chamas que se uniam num foco comum. Ah! quão perfeitas eram, pois, as adorações de Maria! Como nelas o Coração de Jesus devia comprazer-se. E que glória deviam render a Deus!

II

O adorador, a exemplo de Maria, ponha-se de joelhos no Templo santo com profundo respeito, recolha-se com Maria e coloque-se em espírito ao seu lado para adorar; chegue-se a Nosso Senhor com o recolhimento interior e exterior que preparam maravilhosamente a alma para o ofício angélico de adoração.

Adore a Jesus sob os véus eucarísticos, com a fé de Maria e da santa Igreja, essas duas mães que, em sua caridade, o Salvador nos deixou. Adore o seu Deus como se o visse e o escutasse, pois a fé viva vê, escuta, toca, abraça, com certeza maior que a dos próprios sentidos.

Que o adorador, a fim de apreciar devidamente o Dom da adorável Eucaristia, medite amiúde, como fez Maria, nos sacrifícios que ele pediu ao Amor de Nosso Senhor. Ao ver o combate do Amor e a vitória alcançada, compreenderá a gratidão que deve a um Deus tão bom. Louvará, bendirá, exaltará a Grandeza, a Bondade, o triunfo do Amor, instituindo a Santíssima Eucaristia como o memorial sempre vivo, como o Dom sempre a jorrar de si mesmo.

E então, com Maria, sua divina Mãe, o adorador se oferecerá de todo o coração a Jesus a fim de adorá-lo, amá-lo e servi-lo em troca de tanto Amor. Consagrar-se-á a honrar o estado sacramental do Salvador, a reproduzir em sua vida as virtudes que Jesus nele continua e glorifica de modo tão admirável. Honrará essa Humildade tão profunda, que o aniquila todo inteiro sob as espécies sagradas; essa Abnegação de sua Glória e de sua Liberdade, que o torna Prisioneiro do homem; essa Obediência, que o constitui servo de todos.

Em todas essas homenagens, o adorador tomará a Maria como modelo e protetora. Saberá honrá-la e amá-la como Rainha do Cenáculo e Mãe dos adoradores, os títulos mais caros ao seu Coração e mais gloriosos para Jesus.

CAPÍTULO II

Vida eucarística de Maria no Cenáculo

O amor pede mais que as homenagens assíduas da conversação e da presença. Pede comunhão de vida.

Maria, no Cenáculo, vivia da Vida eucarística de Jesus. Assim como partilhara a Vida de seu Filho em todos os seus Mistérios – pobre como ele em Belém, escondida em Nazaré, perseguida durante a sua Vida evangélica, imolada na hora de sua Vida padecente – assim também devia, com maior razão, viver da Vida eucarística do Salvador, fim e coroação de todas as outras.

Ora, a Vida de Jesus no Santíssimo Sacramento é uma Vida escondida, uma Vida interior, Vida sacrificada. Tal foi também a vida da augusta Virgem durante os últimos vinte e quatro anos de sua peregrinação terrena.

I

Vida escondida

Jesus leva uma Vida escondida no Santíssimo Sacramento. Aí honra o silêncio e a solidão, as duas condições essenciais da vida em Deus. Aí está morto ao mundo, à glória, aos bens, aos prazeres do século. Sua Vida é toda ressuscitada e toda celeste.

Tal a vida de Maria depois da Ascensão de seu divino Filho. Retira-se para o Cenáculo, no monte Sião, e envolve-se na obscuridade e no esquecimento. Os santos evangelistas não repetirão mais suas palavras admiráveis; não reproduzirão, para edificar a nossa piedade, suas ações tão santas, suas virtudes tão puras; deixaram-na no Cenáculo, ao pé da adorável Eucaristia, no exercício habitual de adoração humilde e aniquilada.

Vivendo nesse centro de Amor, está de agora em diante morta ao mundo com seu divino Filho. A Hóstia Santa é-lhe todo o bem, toda a glória, toda a felicidade. Não está ela toda entregue ao seu Jesus?

Tal também deve ser a vida dos adoradores, filhos de Maria. Devem estar mortos ao mundo profano e terreno; a Vida ressuscitada de Jesus deve ser o princípio de sua vida sobrenatural; as espécies eucarísticas, silenciosas e solitárias, devem levá-los a fugir do mundo, a só ter com ele as relações impostas pelo seu estado e pelas conveniências sociais, e assim proporcionar às suas almas alguns momentos de liberdade e de paz para visitar o Deus oculto no Santíssimo Sacramento.

Pois em absorver de tal forma os homens pela vida exterior, pelas exigências tirânicas dos negócios terrenos, e não deixar um momento à alma e a Deus, está a escravidão do mundo e a tentação de Satanás. Ora, a primeira condição de vida cristã e eucarística é a liberdade espiritual, a isenção de toda servidão mundana; é saber dar à alma o repouso e o Pão de Vida, sem os quais está condenada a morrer.

II

Vida interior

No Santíssimo Sacramento, Jesus leva uma Vida toda interior. Está perpetuamente a prestar a homenagem de si mesmo ao Amor e à Glória do Pai, cujas Perfeições sua Alma humana está sempre a contemplar.

Em seu estado sacramental, Jesus continua as virtudes de aniquilamento de sua Vida mortal. Essa humildade levou-o a rebaixar-se até tomar a forma de escravo. Aqui, humilha-se até revestir as espécies de pão, une-se a uma mera aparência de ser, atinge o derradeiro limite do nada.

Na Eucaristia, Jesus continua sua pobreza. Do Céu só traz sua Pessoa adorável, seu Amor, contando com a hospitalidade do homem, embora tendo a dum simples presépio, dele esperando os paramentos de seu culto e a matéria de seu Sacrifício.

Na Eucaristia, Jesus continua sua obediência, que se torna maior, mais universal. Obedece a todos os sacerdotes, a todos os fiéis, até a seus inimigos. Obedece dia e noite, obedece sempre. Não quer ter nem escolha, nem liberdade. O amor a tudo despreza.

Na Eucaristia, Jesus continua sua vida de oração; mais ainda, a oração torna-se a única ocupação de sua

Alma. Jesus contempla seu Pai, contempla-lhe a Grandeza e a Bondade; adora-o, pelo rebaixamento profundo que associa a seu estado de glória; agradece-lhe incessantemente os dons e os benefícios concedidos aos homens; pede continuamente para os pecadores a graça da Misericórdia e da Paciência divina; solicita a todo momento a Caridade do Pai celeste em favor daqueles que foram remidos pela sua Cruz.

Tal a vida contemplativa de Jesus. Tal também a vida de Maria. Ela honra em si mesma as virtudes humildes de Jesus; fá-las reviver numa perfeita imitação.

Com Deus escondido, quisera ser uma mera aparência humana, toda mudada, toda transformada na Vida de Jesus.

Maria é pobre, tão pobre quanto Jesus no Sacramento do Altar; mais pobre ainda, já que pode sentir de fato as necessidades e privações da santa pobreza.

Vive de obediência, não somente em relação aos Apóstolos, mas até a os últimos ministros da Igreja e da sociedade. É simples, doce na obediência, e alegra-se de poder obedecer como Jesus!

Mas a vida interior de Maria reside principalmente no amor que tem ao seu divino Filho, partilhando com ele todos os seus pensamentos, todos os seus sentimentos, todos os seus desejos. Ela nunca perdia a lembrança da Presença de Jesus; unia-se incessantemente à sua oração e às suas adorações; vivia nele e para ele, recolhida na contemplação ininterrupta de sua Divindade e de sua santa Humanidade, toda submissa, toda entregue à influência de sua Graça.

Que o agregado imite com Maria as virtudes interiores de Jesus no Santíssimo Sacramento e se aplique com constância e paciência à prática da virtude do recolhimento, ao exercício da contemplação de Jesus, pelo silêncio, pelo esquecimento das criaturas, pelos atos de união, fervorosos e repetidos.

Ditosa a alma que compreende essa vida de amor, que a deseja, que a pede sem descanso, que nela se exercita sem cessar! Tal alma já conquistou o reino de Deus em si.

III

Vida sacrificada

Mas foi partilhando o estado de imolação de Jesus no Santíssimo Sacramento que Maria se elevou, com toda a força de sua Alma, a uma perfeita conformidade a Jesus.

Maria adorava seu querido Filho nesse novo Calvário onde seu Amor o crucificava, e apresentava-o a Deus pela salvação de sua nova família. A lembrança de Jesus na Cruz, com suas Chagas abertas, renova-lhe na Alma o martírio de sua compaixão. Parecia-lhe estar a ver, na Santa Missa, o seu Jesus Crucificado, derramando o seu Sangue com efusão, por entre as dores e os opróbrios, abandonado dos homens e de seu Pai, e morrendo no ato supremo de seu Amor. Depois de adorar, na Consagração, o seu Filho presente sobre o Altar, Maria vertia lágrimas abundantes sobre o seu estado de vítima, à vista sobretudo dos homens que, não fazendo caso do augusto Sacrifício, tornavam estéril, para suas almas, este Mistério da Redenção; à vista ainda daqueles que ousavam ofender, desprezar esta Vítima adorável, ofertada sob seus olhos e para sua própria salvação.

Maria teria querido sofrer mil mortes a fim de reparar tamanhos ultrajes, pois os desgraçados que se tornavam réus eram seus filhos, aqueles que Jesus lhe confiara.

Pobre mãe! Não lhe bastou, porventura, o Calvário? Por que renovar diariamente suas Dores e ferir-lhe o Coração com esses novos gládios de impiedade? Todavia, como a melhor das mães, em vez de repelir, de amaldiçoar os pecadores, Maria tomava sobre si, com Jesus, a dívida de seus crimes e expiava-os pela penitência; constituía-se vítima aos pés do altar, implorando graça e misericórdia pelos filhos culpados.

À vista de sua santa Mãe imolando-se com ele, Jesus se consolava do abandono dos homens e então prezava os sacrifícios que tanto lhe custaram, preferindo esse seu estado de aniquilamento e de opróbrio à sua glória. Maria o compensava de tudo, e seu Amor encontrava indizível satisfação em acolher sua oração e suas lágrimas, derramadas pela salvação do mundo.

Que os adoradores saibam, pois, unir-se com Maria ao Sacrifício de Jesus, a fim de serem eles mesmos uma consolação para a augusta Vítima. Que o sofrimento voluntário, abraçado por amor, tenha um lugar em sua vida; que se tornem salvadores com Jesus, completando em si mesmos aquilo que falta à sua Paixão eucarística.

CAPÍTULO III

Maria, apóstola da glória de Jesus

Maria, no Cenáculo, dedicava-se toda à glória eucarística de Jesus. Sabia que o desejo do Pai celeste era ver o seu divino Filho conhecido, amado e servido por todos; que o Coração de Jesus precisava comunicar aos homens todos os seus dons de Graça e de Glória; que a missão do Espírito Santo era fazer reinar a Jesus em todos os corações; que a Igreja fora fundada para dar Jesus Cristo ao mundo, como seu Rei e seu Deus, e conquistar a seu Amor todas as nações da terra. O único desejo de Maria era, portanto, glorificar a Jesus no Santíssimo Sacramento, fazer com que fosse conhecido, amado e servido por todos. O amor tão grande que tinha a seu Filho precisava dilatar-se, dedicar-se, a fim de suprir por esse meio a sua incapacidade de glorificá-lo devidamente por si mesma.

E também, no Calvário, os homens se tornaram filhos seus; amava-os com toda a ternura duma Mãe, desejando-lhes o soberano bem tanto quanto o seu. Eis por que ansiava tornar Jesus no Santíssimo Sacramento conhecido de todos, abrasar os corações com o fogo de seu Amor, e vê-los todos ligados e presos a seu amável serviço, formando com eles uma guarda eucarística, uma corte de adoradores fiéis e dedicados.

A fim de obter tal Graça, Maria cumpria uma missão perpétua de oração e de penitência ao pé da santíssima e adorável Eucaristia. Aí tratava da salvação do mundo, remido pelo Sangue divino; o seu imenso zelo abrangia todas as necessidades dos fiéis, de todos os tempos e todos os lugares, que viriam a ter parte na herança da divina Eucaristia.

Mas a mais cara missão à sua alma, a mais suave a seu Coração, era orar continuamente pelo êxito das pregações e dos trabalhos dos Apóstolos e de todos os membros do sacerdócio de Jesus Cristo.

Não nos deve, portanto, surpreender o fato de terem os primeiros obreiros evangélicos convertido, com tamanha facilidade, reinos inteiros, pois Maria conservara-se ao pé do trono da Misericórdia, a implorar por eles a Bondade do Salvador. Pela sua oração, ela pregava e convertia as almas; e como toda Graça de conversão é fruto da prece, e como as súplicas de Maria não podiam ficar desatendidas, os Apóstolos tinham nessa Mãe de bondade sua melhor auxiliar: ditoso daquele por quem Maria ora!

Os adoradores partilham a missão de oração de Maria ao pé do Santíssimo Sacramento. É a mais bela de todas as missões, e isenta de qualquer perigo. É também a mais santa, pois é o exercício de todas as virtudes. É a mais necessária à Igreja, que precisa ainda mais de almas de oração que de pregadores, de homens de penitência que de oradores eloqüentes. Hoje, de modo especial, precisamos de homens que, pela sua imolação, desarmem a Cólera de Deus, irritado contra os crimes sempre crescentes das nações; precisamos de almas que, pelas suas instâncias, reabram os tesouros da Graça, fechados pela indiferença geral; de adoradores em verdade, isto é, de homens de fogo e de sacrifício. Quando os houver muito numerosos em torno de seu chefe divino, Deus será glorificado, Jesus amado, e as sociedades se tornarão novamente cristãs, conquistadas a Jesus Cristo pelo apostolado da oração eucarística.

PARTE III

DA DEVOÇÃO À SANTA IGREJA

Jesus nos é dado pela santa Igreja, como foi dado à Igreja por Maria.

É a Igreja que nos fez cristãos e a ela devemos nosso primeiro título à Redenção e ao Céu.

Assim como à esposa cabe a herança do esposo, assim também à santa Igreja cabe receber unicamente o depósito da fé em Jesus Cristo, a legitimidade e o poder do Sacerdócio, o ministério divino dos Sacramentos, que são outros tantos canais pelos quais o Salvador nos comunica os Dons variados de seu Espírito Santo e aperfeiçoa nossa educação cristã.

É pela santa Igreja Católica que os homens se podem tornar verdadeiros filhos da Fé. Ela gera-os a Jesus Cristo pelo santo Batismo, nutre-os e desenvolve-os pela sagrada Eucaristia, cura-os de suas enfermidades espirituais pelo batismo da Penitência, dirige-os e governa-os pelo seu Sacerdócio segundo o espírito e a graça de Jesus Cristo.

Ai dos povos que não vivem na Igreja de Jesus Cristo! Assemelham-se aos homens fora da arca no tempo do dilúvio.

Longe da Igreja, esses pobres viajantes divagam sem guia em pleno deserto. São quais navegantes num navio sem leme e sem piloto. Ai deles! Filhos desgraçados, abandonados na via pública, sem mãe que lhes dê a comer e que os ame! Não tardarão em cair vítimas do frio e da fome!

Quando Jesus Cristo nos deu a santa Igreja por mãe e mestra na Fé, deu-nos a maior Graça que nos poderia dar. Não há, portanto, maior caridade para com o próximo que lhe mostrar a verdadeira Igreja.

I

Mas qual é essa Igreja de Jesus Cristo? Onde está ela? Como a descobrir? Como a conhecer?

A Igreja de Jesus Cristo é a Igreja romana, que se personifica no Papa, sucessor de Pedro, Vigário de Jesus Cristo na terra.

Foi a Pedro, e só a ele, que o Salvador disse: "Tu és Pedro, e sobre esta pedra edificarei a minha Igreja, e as portas do inferno (isto é, do erro) não prevalecerão contra ela. E eu te darei as chaves do Reino dos Céus. E tudo o que ligares sobre a terra, será ligado também nos Céus" (Mt 16,18-19). "Confirma os teus irmãos na Fé" (Lc 22,32). Tal a missão de Pedro; tais os seus poderes. "Onde está Pedro", diz Santo Ambrósio, "aí está também a Igreja". "Pedro falou", diz Santo Agostinho, "e tudo está dito". Ele é o soberano juiz contra o qual não há apelação.

O Papa guarda o depósito da Fé, cuja missão e sanção infalíveis lhe cabem. O Papa é Jesus Cristo ensinando, Jesus Cristo santificando, Jesus Cristo governando sua Igreja.

Sem Papa, por conseguinte, não há Igreja; fora do Papa, só há cisma e esterilidade; contra o Papa, é a heresia, o escândalo, o maior de todos os crimes depois do deicídio dos judeus, crime que chama sobre si todas as vinganças divinas, todas as desgraças reservadas aos sacrílegos.

A Igreja é ainda o Bispo, representante do Papa na diocese, que recebeu de Jesus, pelo Papa, poder e graça, diz São Paulo, "para governar a Igreja de Deus" (At 20,28).

A Igreja é o sacerdote, representando o Bispo numa paróquia; é ele, também, diz o Apóstolo, "o ministro de Jesus Cristo e o dispenseiro dos Mistérios de Deus" (1Cor 4,1).

Para descobrir, por conseguinte, onde está a Igreja de Jesus Cristo, só preciso saber onde está o Papa, esse *coração* da catolicidade, esse *centro de união* entre o Céu e a terra, entre Jesus Cristo e o homem, esse *princípio de vida* católica sem o qual a árvore evangélica se priva de seiva, e as obras, de vida. Ele abençoa, e o Céu abençoa; ele condena, e Jesus Cristo condena; ele decepa do Corpo da Igreja e Jesus Cristo decepa de seu próprio Corpo.

O Papa é para a Igreja o que o sol é para o mundo: *lux mundi*; o que a alma é para o corpo. Os Bispos e os Sacerdotes dele recebem a doutrina e a direção, a fim de comunicá-la a todo o povo cristão.

Mas como hei de saber se um Bispo, se um Padre são, na verdade, os representantes do Sumo Pontífice e os depositários da autoridade católica?

Perguntando simplesmente ao Bispo: Fostes nomeado pelo Papa? Estais unido ao Papa? Trabalhais com o Papa? Se a resposta for afirmativa, então ele será para mim o Papa ensinando, santificando, governando a Igreja – será a própria Igreja.

Perguntando ao Pároco: Fostes nomeado pelo Bispo? Trabalhais com ele? – Sim. Então esse é o pastor legítimo, que tem a Fé da Igreja e a Graça de Jesus Cristo.

Mas um falso pastor pode dizer-se legítimo. Como então saber se sua missão é autêntica? Ah! como reconhece o filho a sua mãe entre outras? Como sabe distinguir no meio das trevas e da confusão? Nunca o filho se engana, reconhecendo a mãe pela voz, pelo coração. O falso pastor não tem a voz da Igreja; não lhe tem a caridade, nem a santidade; prega-se a si mesmo, só trabalha para si, e, em geral, será orgulhoso e impuro. Tais indícios denotam sempre um intruso, um cismático, um revoltado. É o lobo no aprisco. Fujamos dele.

II

Quais os deveres do cristão, do adorador para com a santa Igreja?

Cabe a todo cristão cumprir os quatro deveres do quarto mandamento da lei de Deus. Assim como a paternidade espiritual prevalece sobre a paternidade humana, assim também os deveres para com a Igreja devem primar pela honra e pela fidelidade.

Ora, o quarto mandamento manda honrar os pais, *amá-los*, *obedecer-lhes*, *ajudá-los* em suas necessidades. Tais também os deveres dos cristãos para com o Papa, os

Bispos e os Sacerdotes, cada qual segundo a ordem de sua dignidade e de sua missão na Igreja.

1.º - *Honra.* – É mister honrar o Papa como o Vigário visível de Jesus Cristo. É o Doutor dos doutores, o Pai dos pais, o Mestre dos mestres, eis por que traz a tiara, a tríplice coroa de Jesus Cristo.

Ao Sumo Pontífice, honra soberana, máximo respeito: é Jesus Cristo na divindade de sua missão na terra.

Ao Bispo, depois, honra eminente, profundo respeito. É a mão, o coração, a palavra do Papa e de Jesus Cristo, é um príncipe da Igreja, sentado nos degraus do trono pontifício, e que partilha a realeza espiritual do Sumo Pontífice.

Aos Sacerdotes, respeito religioso, honras angélicas. São eles os anjos da Nova Lei, os embaixadores celestes, os ministros de Deus.

Desprezar o Padre, pecar contra ele, é pecar contra o próprio Jesus Cristo. "Aquele que vos despreza, me despreza" (Lc 10,16), disse o Salvador. E dissera ainda pelos profetas: "Não toqueis em meus ungidos" (Sl 104,15), e esta proibição, sendo violada, atrairá os piores castigos.

Por isso, quem peca contra o Sacerdote, quem ofende o Pregador, sustentáculo e canal da Fé católica, será mui justamente punido com a diminuição e a perda da Fé.

E, como não há remissão dos pecados sem o Padre, nem Eucaristia sem o Sacerdócio, nem caridade sem esse foco que o alimenta sem cessar, quem não tem mais Fé no Sacerdote está perdido!

Eis por que os inimigos de Jesus Cristo atacam com tamanha perfídia e furor os membros de seu Sacerdócio, para paralisar o poder da Fé e aniquilar a Religião no coração dos fiéis.

O principal combate do anticristo, diz o profeta Daniel, será contra o Sacrifício e contra o Sacerdócio. E tal combate já começou e está a crescer.

Os fiéis devem precaver-se contra a malícia infernal de seus inimigos, que, para destruir a Fé no Sacerdote, apontam os defeitos do homem, caluniando-o à vontade, para que se torne desprezível, e assim escandalize os fracos.

Cerrem os fiéis fileiras em torno de seus pastores, como seus chefes espirituais; saibam defender-lhes a missão divina e honrar-lhes o Sacerdócio; que cubram, com o manto filial, os defeitos da miséria humana, que Jesus Cristo lhes deixa para conservá-los na humildade, e obrigar os cristãos a praticar a Caridade e sobrenaturalizar a Fé.

2.º - *Amor*. – Amamos a mãe que nos deu o ser, o pai que nos sustenta e se dedica ao nosso bem.

Ora, a santa Igreja é a mãe de nossas almas. Ela gerou-nos a Jesus Cristo por entre as dores do martírio; ela dá-nos uma Vida espiritual que ninguém pode arrebatar-nos; forma-nos para a Vida Eterna, a fim de nela gozarmos com Deus, por Jesus Cristo, a sua própria glória e felicidade. Mas, qual mãe terna e vigilante, guia-nos e ampara-nos os passos nos muitos perigos e adversidades da vida, defende-nos contra os ataques de nossos inimigos, lava-nos as chagas, trabalha, sofre conosco e só nos deixa quando nossos olhos se fecham à luz, quando a palavra expira em nossos lábios moribundos, quando, finalmente, nosso coração deixa de pulsar. Então, tomando a nossa alma, depois de tê-la purificado, abençoado e revestido de seus méritos, lança-a no seio de Deus, seu Criador e Salvador. Sua caridade acompanha-nos até o Purgatório, onde ainda dispõe da expiação e dos sufrágios. Sua missão de salvação só termina à porta do Céu.

Quem não há de amar tão boa e terna mãe?

Quem não há de amar também o Papa, esse Pai comum dos fiéis, a quem Jesus deu um coração largo como o mundo, e maior que todas as nossas necessidades?

Quem não terá pelo Bispo, pelo pastor de sua alma, essa piedade filial que lhes alivia o fardo, pesado aos próprios Anjos – que lhes anima o zelo, que os consola nas tribulações e os sustenta no sofrimento? São pais, e pais de imensas famílias, e pais sem outro sustentáculo que a divina Providência, que os enviou ao mundo, como a Jesus Cristo.

3.º - *Obediência*. – Todo cristão deve ao chefe supremo da Igreja, em tudo o que se refere à sua missão divina, uma obediência de Fé, sob pena de se tornar réu de rebelião ou de heresia.

"Aquele que não ouve a Igreja, disse Jesus Cristo, é pagão e publicano" (Mt 18,17).

O cristão deve, pois, obediência filial, e, antes de tudo, acatamento às leis canônicas, às Bulas, aos decretos, às decisões da santa Igreja romana, que são a voz, a lei, o ensino do Sumo Pontífice.

A obediência filial passa além das prescrições da lei ou da autoridade, consultando a intenção do legislador; seus conselhos são ordens para o seu coração. Só quer, em tudo, pensar, falar, obrar como seu Pai na Fé.

Essa obediência estende-se ao Bispo, como ao pastor mais próximo, que nos transmite os ensinamentos puros e legítimos da santa Igreja, a palavra infalível de Pedro; que cuida do depósito da Fé, da santidade dos costumes, da estrita observância das leis divinas e eclesiásticas, e que possui ele mesmo um poder legislativo e doutrinal em questões de moral e de doutrina.

Estende-se ao pastor imediato, no exercício de seu cargo pastoral. O Bispo e o Papa nos governam por ele, e é o pastor que deverá prestar contas a Deus de todas as almas que lhe foram confiadas. As verdadeiras ovelhas do aprisco de Jesus Cristo seguem o seu pastor, conhecem-lhe a voz e obedecem-lhe.

4.º - *Auxílio.* – O filho deve ajudar os pais quando estão fracos e na necessidade; sua honra de filho a tanto o obriga, e o cumprimento deste dever traz-lhe felicidade.

O cristão deve ajudar o Sacerdote de Jesus Cristo, seu pai na Fé, e o ministro da Santíssima Eucaristia.

O sentimento cristão se revoltaria com a idéia de que um Sacerdote não tivesse sequer o pão da esmola e os socorros dados aos indigentes.

Mas os fiéis devem sobretudo auxiliar seus pastores nas obras de zelo pela salvação das almas, no decoro e dignidade dos objetos de culto, no cuidado cristão dos doentes. Tais obras, sob orientação e a graça do Sacerdote, são verdadeiramente apostólicas, e constituem um benefício em bloco, uma obra seguida. À sociedade do mal, que está tomando tamanho incremento, é mister opor a sociedade das almas fiéis. O bem isolado é fraco demais, e apaga-se com a pessoa que começou.

A que obras, porém, nos devemos entregar de preferência? Às obras católicas, àquelas que têm a sanção da Igreja, àquelas que o Sacerdote inspira e abençoa, pois o erro insinua-se facilmente sob aparências de obras de piedade, e sob o mesmo manto da piedade. A uma obra proposta, devemos indagar se é legítima, se vem da Igreja, se visa a um fim cristão, e se os meios empregados se motivam na Fé. Uma obra tão-somente humana, filantrópica, limitada ao corpo, à matéria, é obra de filósofos, não é obra de cristão.

Mas entre as obras devemos apegar-nos de preferência àquelas que glorificam mais a Nosso Senhor, que procuram diretamente honrar a sua Pessoa divina, que reconhecem e exaltam os direitos de sua Realeza. Pois em tudo é preciso que o Chefe divino da Igreja tenha o primeiro lugar em se tratando do serviço de dedicação.

PARTE IV

DA VIDA INTERIOR

CAPÍTULO I

Meios de desenvolver a vida interior

A vida interior é a vida e o reinado de Amor de Jesus na alma. É Jesus possuindo e governando-lhe todas as faculdades, enchendo-as com sua Virtude e sua Graça, derramando-se nelas e atraindo-as a si para que permaneçam nele como em um centro de paz e de repouso.

Para alcançar essa vida interior – o fim de todo exercício e de toda prática exterior –, importa, antes de tudo, estabelecer unidade de meios.

É preciso, durante algum tempo, alimentar o espírito, o coração, a piedade, as virtudes, unicamente com o Amor de Jesus, a fim de naturalizar em si esse pensamento divino, de tal forma que se torne habitual, amável e fácil.

Para nos modelarmos no pensar e no sentimento do Amor de Jesus, é mister só ler e só meditar sobre o Amor Divino, até que essa comida contínua forme em nós um *espírito*. Os atos das virtudes devem começar por ser atos do espírito, e então o coração não tardará em seguir a luz; procurará a Doçura e a Bondade divinas que lhe serão apontadas em toda a sua verdade suave. É preciso conhecer a Deus para poder amá-lo. Deus se manifesta ao homem na claridade e uma Graça de Luz vale mais que mil outras graças de consolação e de doçura: o sentimento passa, a convicção permanece.

O demônio combate sobretudo essas Graças de Luz, pelas distrações e pela escravidão dos negócios temporais ou dos divertimentos mundanos.

Ele nada pode contra a alma recolhida em Deus. Recolher-se é virar-se de fora para dentro; é viver em redor de Deus, com Deus, em Deus. E a alma só será forte, só progredirá na virtude pelo recolhimento, que lhe é a balança justa e inexorável dos lucros e das perdas, das virtudes e dos defeitos.

Mas como se recolher? Como viver recolhido?

1.º - É mister, antes de tudo, evitar, dentro dos nossos deveres, o tumulto do mundo. Deve-se amar o silêncio, procurar a solidão, a fim de estabelecer a calma em si. Deve-se encontrar um lugar tranqüilo para rezar, a fim de não sustentar duas lutas simultâneas: uma exterior, outra interior.

2.º - É mister velar sobre as impressões más ou dissipadoras da imaginação, e combatê-las bruscamente quando se apresentarem, tratando a imaginação como uma louca, a quem nos basta impor silêncio.

É da maior importância velar sobre os olhos nas ocasiões perigosas, para nada ver que possa macular a imaginação e torná-la em seguida um museu de obscenidades. Mas como a imaginação não pode ser condenada à inibição e ao silêncio perpétuo, convém ocupá-la com idéias santas, quando os Mistérios meditados têm seu lado sensível. Convém adormecê-la na contemplação do bem, do belo, e não a despertar em seguida.

3.º - É mister combater, encarniçadamente e sem tréguas, as idéias fixas, quer de pesar, quer de desejo, porque produzem a febre da alma, e tiram ao espírito o poder e a liberdade de reflexão. Essa regra é uma das mais importantes da vida interior. Quando um doente está com febre, urge primeiro combater a esta e depois atacar diretamente o mal.

4.º - É mister aspirar, antes de tudo, ao recolhimento da consciência. Esse recolhimento consiste em observar os pensamentos bons ou maus, as intenções que governam os nossos atos, esses mesmos atos quando se formam na vontade. O primeiro preceito da perfeição, bem como da salvação, é fugir do mal: *"Declina a malo"*. O primeiro efeito do amor é evitar toda ofensa, tudo o que seja apto a desagradar.

CAPÍTULO II

Espírito da vida interior

Mas qual o espírito que deve inspirar e dominar a vida interior dum Agregado do Santíssimo Sacramento?

É o próprio espírito da adoração eucarística, expresso pelos quatro fins do Sacrifício do Altar. A vida da alma interior é um prolongamento de sua oração: é justo, pois, que uma mesma seiva e um mesmo espírito animem a ambas.

Toda a vida, todos os pensamentos, todas as obras do Agregado deverão, pois, levá-lo a *adorar*, *agradecer*, *reparar* e *orar*, pela maior glória do Deus da Eucaristia. Devendo, por conseguinte, entranhar-se na natureza de cada uma dessas homenagens, dos atos e dos sentimentos que lhes são próprios, a fim de produzi-los com freqüência e de lhes adquirir a facilidade e o hábito.

I

Adoração

1.º - Adorar a Jesus Cristo no Santíssimo Sacramento é reconhecê-lo, real, verdadeira e substancialmente presente, pelo humilde sentimento duma Fé viva e espontânea, que submete a fraqueza da razão humana à Divindade de tão sublime Mistério. Não devemos querer, como o Apóstolo incrédulo, ver ou tocar para convencer-nos da verdade de Jesus-Hóstia, mas esperar apenas, para podermos prostrar-nos aos seus pés e ouvir esta palavra infalível e suave da santa Igreja, repetindo-nos, com São João Batista: "Eis o Cordeiro de Deus, eis aquele que apaga os pecados do mundo".

2.º - Adorar a Jesus Cristo no Santíssimo Sacramento é oferecer-lhe a homenagem soberana de todo o nosso ser: do corpo, pelo mais profundo respeito; do espírito, pela fé; do coração, pelo amor; da vontade, pela obediência; de todos os sentidos, por um absoluto acatamento; em união com o louvor de todos os verdadeiros adoradores de Jesus Cristo, em união com as adorações da santa Igreja, da Santíssima Virgem, quando ainda na terra, e de toda a Corte Celeste. Prostrada ao pé do

Trono do Cordeiro, essa Corte oferece-lhe a homenagem de suas coroas, dizendo: "É digno o Cordeiro que foi imolado e que nos remiu para Deus, com o seu Sangue, fazendo de nós um reino para Deus Pai, é digno de receber o poder, a divindade, a sabedoria, a fortaleza, a honra, a glória e a bênção!" (Ap 5,9- 10.12 - Vulg.).

3.º - Adorar a Jesus Cristo no Santíssimo Sacramento é adorar a grandeza, a ternura de seu Amor pelos homens, que o levou a instituir e a perpetuar a divina Eucaristia, para ser sempre a Vítima de salvação, o Pão celeste e a consolação do homem peregrino na terra.

4.º - Adorar, finalmente, a Jesus Cristo sacramentado é fazer da divina Eucaristia o fim de nossa vida, o objeto final de nossa piedade, o alvo de amor de nossas virtudes e de nossos sacrifícios. *Tudo pela maior glória de Jesus no Santíssimo Sacramento*, tal deve ser a senha de toda a vida do adorador.

II

Ação de graças

Todo benefício requer ação de graças, e quanto maior for o benefício, maior também será a gratidão.

Ora, a Santíssima Eucaristia é o benefício dos benefícios do Salvador. Seu Amor encontrou o segredo de reunir todos os seus bens, todas as suas graças, todas as suas virtudes, todos os seus amores no dom régio da Eucaristia. É a quintessência de todas as suas maravilhas, a glorificação sacramental de todos os Mistérios de sua Vida. É a Vida temporal e a Vida celeste do Salvador reunidas em seu Sacramento, a fim de ser, para o homem, fonte inexorável de Graça e de Glória, de santidade e de amor: a fim de que o amor do homem peregrino seja tão rico quanto o amor do habitante dos Céus.

Perante tal Bondade por parte de Jesus Cristo, qual será o reconhecimento do coração do homem, considerando-se a si mesmo como o fim da Eucaristia, da Encarnação, do Calvário! Como louvar dignamente tamanha Bondade? Que ação de graças jamais corresponderá a semelhante Dom? Que amor pagará tal soma de Amor?

Faltam palavras adequadas ao pobre, sob a impressão dum dom régio, duma visita real, que o liberte da miséria e o coroe de honra e de glória; só dispõe de lágrimas de surpresa e de júbilo: a felicidade oprime-o, fá-lo desfalecer.

Tal seria também a nossa ação de graças pela divina Eucaristia, se nos fosse dado compreender melhor o seu imenso benefício; se pudéssemos conhecer melhor, dum lado a Jesus Cristo, e do outro a nossa profunda miséria.

O homem, a quem a bondade torna feliz, é levado pelo amor a dedicar-se ao seu benfeitor. Presta-lhe a homenagem de tudo quanto tem, qual Zaqueu; segue-o, como os Apóstolos; acompanha-o até o Calvário, como João e Madalena.

Mas isso ainda não lhe basta ao coração: a Santíssima Eucaristia será sua própria ação graças. Oferece-a ao Pai celeste em reconhecimento de lha ter dado. Oferece a Jesus Cristo o próprio Dom de seu Amor, dizendo-lhe com o profeta: "Que darei ao Senhor por todos os bens com que me sacia? Tomarei o cálice de salvação, e invocarei o Nome do Senhor" (Sl 115,12- 13). Repete, com Maria, sua divina Mãe, o cântico de êxtase de sua gratidão, e com o velho Simeão, o *Nunc dimittis*. Porquanto, depois da Eucaristia, só resta o Céu – e não é ela um Céu antecipado?

III

Propiciação

A propiciação é, em primeiro lugar, a reparação de honra, feita a Jesus Cristo pela ingratidão e pelos ultrajes de que é objeto em seu Sacramento de Amor; é também a satisfação de misericórdia, implorando perdão e graça para os culpados.

1.º - *Reparação de honra*. Nosso Senhor Jesus Cristo é mais ofendido em seu estado sacramental do que nos dias de sua Paixão.

Então foi humilhado, insultado, renegado e crucificado, mas por um povo que não o conhecia, por uns carrascos mercenários.

Aqui, Jesus é renegado pelos seus que já o adoraram, que comungaram, que o reconheceram como o seu Deus. Jesus é humilhado por seus filhos, a quem o respeito humano, a vergonha, o orgulho tornam apóstatas. Jesus é insultado por servos a quem prodigalizou honras e bens, servos mercenários, a quem o hábito das coisas sagradas torna pouco respeitosos, profanadores, sacrílegos até, como outrora os mercadores do templo, expulsos por Jesus. Jesus é vendido por seus amigos – e quantos judas há no mundo! E vendemos Jesus a um ídolo, a uma paixão, ao próprio demônio. Jesus é crucificado por aqueles a quem tanto amou, e que se utilizam de seus dons para insultá-lo, de seu Amor para desprezá-lo, de seu silêncio e de seu véu sacramentais para encobrir o sacrilégio eucarístico: crime abominável! Jesus Cristo é então crucificado no comungante e entregue ao demônio que nele reina!

E esses horrendos sacrilégios se renovaram e se renovam ainda diariamente em todo o universo. Só Deus lhes conhece o número e a malícia. E ele, o Deus de Amor, será tratado assim até o fim do mundo!

Ora, ante tamanho Amor dum lado e tamanha ingratidão do outro, o coração do reparador se deveria fender, como o monte Calvário; seus olhos se deveriam tornar em duas fontes inesgotáveis de lágrimas e obscurecer-se como o sol à vista do deicídio; seus membros deveriam tremer de pavor e de horror, como tremeu a terra por ocasião da morte do Salvador.

Mas a esse sentimento de dor e de medo deve suceder outro, de expiação ao Amor de Deus, tão desconhecido e ultrajado. A alma deve fazer um ato de reparação e de amor à Vítima divina, como o fizeram o centurião, os carrascos e o povo contrito, como o faz a santa Igreja pelo seu Sacerdócio nos dias de luto e de crime. Como Maria, ao pé da Cruz, é preciso sofrer com Jesus, amá-lo por aqueles que não o amam, adorá-lo por aqueles que o ultrajam, mormente se entre esses ingratos e sacrílegos houver parentes ou amigos nossos. Mas a reparação se imporia com maior força ainda se, desgraçadamente, fôssemos nós mesmos culpados para com o Deus da Eucaristia, ou se fôssemos, pelo escândalo, causa de pecado por parte do próximo. Ah! então a justiça pede uma reparação igual à ofensa. Será que nós, também, havemos de merecer a doce repreensão do Salvador? – "Vós, a quem amei com tanto Amor, a quem prodigalizei favores insignes, vós me abandonais, me desprezais, me crucificais! Fácil seria compreender o esquecimento dos homens terrestres, a indiferença dos escravos do mundo, o desprezo mesmo daqueles que não têm fé, que nunca gozam das delícias de meu Sacramento; mas vós, meu amigo, meu comensal, vós, esposa de meu Coração!"

Tais sejam talvez as justas censuras do Coração de Jesus. A nós cabe abaixar a cabeça de vergonha e partir a alma de dor.

Jesus, numa revelação a santa Margarida Maria, mostrou-lhe o seu Coração ferido, coroado de espinhos, encimado por uma cruz, e dirigiu-lhe estas palavras: "Tenho uma sede ardente de ser amado pelos homens no Santíssimo Sacramento, e não encontro quase ninguém que se esforce, segundo o meu desejo, para me desalterar, usando para comigo de alguma paga!"

2.º - *Propiciação de misericórdia*. A propiciação seria incompleta em se limitando à reparação. Embora satisfizesse a Justiça Divina, não satisfaria o Amor de Jesus.

Que quer este Amor? Quer a salvação dos homens e o perdão dos maiores pecadores. Queria perdoar a Judas; pedia perdão para os seus carrascos, enquanto estes o insultavam. E, no Altar, não é sempre a Vítima de propiciação pelos pecadores? Sua Paciência em suportá-los, sua Misericórdia em perdoar-lhes, sua Bondade em recebê-los no regaço paterno, eis a vingança do Amor, eis seu triunfo!

Nessa obra divina de perdão, Jesus carece, por assim dizer, dum associado, dum cooperador, que repita com ele ao Pai a oração da Cruz: "Pai, perdoai-lhes, porque não sabem o que fazem" (Lc 23,43).

Carece duma vítima que acabe em si mesma o que falta a seu estado de imolação sacramental: o sofrimento, o sacrifício efetivos. As almas só se redimem a tal preço – preço outrora pago no monte Calvário.

Mas também quão sólidas, generosas, perfeitas, serão as conversões que, merecidas em comum por Jesus e pela alma reparadora, partirão do Tabernáculo divino! Ah! é principalmente aí que devemos procurar a redenção das almas, a conversão dos grandes pecadores, a salvação do mundo.

IV

Impetração

A impetração é o apostolado eucarístico da oração, é o fruto natural da adoração, da ação de graças e da propiciação.

Este apostolado de oração honra a Jesus Cristo no Santíssimo Sacramento como a Fonte divina de todo Dom e de toda Graça. Com efeito, a Santíssima Eucaristia é-lhe um tesouro inesgotável, um reservatório mais largo e mais profundo que o oceano. Jesus aí depositou as suas virtudes, todos os seus méritos, o preço infinito de sua Redenção, colocando tudo isso à disposição do homem, mediante uma só condição: ele irá procurá-las, solicitá-las de sua Bondade sempre pronta a prodigalizar-lhes os seus bens.

Do fundo do Tabernáculo, Jesus clama a todos aqueles que sofrem, que estão necessitados, desgraçados:

"Vinde a mim e eu vos aliviarei". É sempre o bom Samaritano, o médico divino de nossas almas, que há de curá-las de todas as chagas do pecado e que há de purificar[1] e santificar nossos corpos pelo seu Corpo sagrado.

É sempre o bom Pastor a amar suas ovelhas, a nutri-las com sua Carne e com seu Sangue. Mas está triste, pois há muitas ovelhas desgarradas, que o lobo raptador lhe arrebatou. Chora-lhes a perda, chama-as, solicita-as. Não pode, porém, ir em sua busca. Então, para consolar o nosso bom Pastor, iremos nós procurá-las, conduzi-las a seus pés pela força de nossas orações. E que alegria será para Jesus, que felicidade para nós!

Jesus, no Santíssimo Sacramento, é sempre o Bom Mestre que, unicamente, aponta o caminho do Céu, ensina a Verdade de Deus, comunica a Vida de Amor. Mas no mundo Jesus não é mais conhecido. Os homens ignoram o Salvador que está no meio deles. É preciso dar a conhecer a Deus, mostrá-lo, como João Batista, trazer-lhe os amigos, os irmãos, como André. O maior benefício que se possa fazer a alguém é revelar-lhe o seu Mestre e seu Deus. É sobretudo mostrando o Amor e a imensa Bondade de Jesus que o devemos tornar conhecido, pois é o meio mais eficaz de lhe atrair os corações.

Jesus, no Santíssimo Sacramento, é sempre o Salvador em estado de imolação, oferendo-se sem cessar ao Pai, como o fez na Cruz, pela salvação dos homens; apontando-lhe suas Chagas profundas e seu Coração aberto, para obter o perdão do gênero humano.

---

[1] O Santo, em seu manuscrito, emprega aqui a palavra *chastifiera*, que é muito expressiva e traduz bem o seu pensamento.

É aos pés dessa Vítima adorável que o adorador deve orar, chorar, implorar ao Amor Crucificado que sensibilize o coração dos pecadores empedernidos, que quebre as cadeias tão duras e vergonhosas do vício, a pesar sobre tantos escravos do mundo; que rompa o véu que retém o judeu – povo que mereceu as primícias de sua ternura – na cegueira e na infidelidade; que humilhe o orgulho do herege, a fim de que veja a Verdade e se submeta ao seu império; que toque o coração do cismático, para que reconheça a sua mãe, a santa Igreja, e se venha lançar nos seus braços!

E esta Igreja, Esposa de Cristo, será sempre objeto das orações do adorador, em si, em suas instituições, em suas obras, em seu sacerdócio, em seu povo, em cada um de seus filhos; em tudo o que interessa à sua prosperidade, à sua perfeição e ao cumprimento de sua missão no mundo.

E, reconhecendo humildemente sua própria insuficiência e a dependência absoluta em que se encontra para com Deus, o adorador reza por si mesmo. Conserva constantemente sua alma em um estado de oração, pela contemplação de sua indigência e da grandeza das bondades divinas. E assim manterá a alma sempre aberta, pronta a receber a efusão da Graça.

Tais as quatro grandes homenagens que encerra a adoração eucarística, e que devem animar e vivificar com seu espírito toda a vida do Agregado do Santíssimo Sacramento. Praticá-las fielmente, será praticar a vida interior em alto grau e estabelecer perfeitamente o Reinado de Jesus na alma.

PARTE V

DOS DEVERES DE ESTADO E DE SOCIEDADE[1]

Depois dos deveres para com Jesus Cristo, para com sua divina Mãe, e para com a Igreja, sua Esposa, o Agregado tem obrigações para com os outros homens e a sociedade de que faz parte.

Como membro duma família, tem deveres comuns a cumprir; como membro da sociedade, tem relação a entreter; como cidadão, tem leis a respeitar.

CAPÍTULO I

Deveres gerais

Para cumprir com os deveres de sociedade, qual verdadeiro discípulo de Jesus Cristo, o adorador observará fiel e nobremente as três virtudes seguintes:

---

[1] O Santo Eymard teve apenas tempo para esboçar esta última parte do Diretório e traçar-lhe o plano geral. Neste primeiro capítulo reproduzimos este esboço sem nada alterar. Quem o quiser aprofundar, nele encontrará idéias luminosas sobre as grandes leis da vida cristã. Acrescentamos, como complemento, num segundo capítulo, algumas notas importantes, redigidas pelo Santo, sobre os deveres de estado e de sociedade, que quadram perfeitamente nas linhas gerais traçadas nesta quinta parte do Diretório.

1.º - A *justiça* na lei, cumprindo toda lei justa e reta, sem contrariar a lei comum, por meio de isenções ou privilégios, mas, a exemplo do divino Mestre, cumprindo-a até a última letra, até o último ponto. Toda lei, legítima em seu autor e justa em sua natureza, vem de Deus.

2.º - A *verdade*, tomando-a por norma inflexível de sua conduta pessoal e medida de todas as suas palavras, nunca corando da Verdade divina, pois seria corar de Deus; nem da verdade humana, seria corar de sua razão de homem. Sabendo defender generosamente a verdade por seus trabalhos e seu apostolado, ou pelo menos pelo respeito que lhe dedica, pela profissão de fé que lhe faz.

3.º - A *caridade*, evitando severamente toda palavra de crítica ou de desprezo para com os outros; nunca julgando o próximo sem obrigação, nem o condenando sem autoridade, segundo as palavras de Jesus Cristo: "Não julgueis e não sereis julgados; não condeneis, e não sereis condenados... porque com aquela mesma medida com que tiverdes medido, ser-vos-á também medido" (Lc 6,37-38).

Fazendo o bem ao próximo, primeiro conforme a ordem dos seus deveres, e, segundo, dentro dos limites de suas faculdades.

Desejando o bem a todos, mesmo aos inimigos; estando sempre disposto a perdoar a quem se arrepender; a dar o primeiro passo à pessoa ofendida, "para que, disse Jesus Cristo, sejais os verdadeiros filhos de vosso Pai que está nos Céus, cuja Bondade se estende a todos os homens, justos e injustos" (Mt 5,45).

CAPÍTULO II

Deveres particulares a certas classes de pessoas

Artigo I

Deveres dos agregados pais de família

§ 1. Deveres para com a família

O primeiro dever do chefe de família é o cuidado e a santificação dos seus. A natureza lho impôs. Deus o quer, sua salvação disto depende. Este dever apresenta-se-lhe revestido dum tríplice aspecto, que corresponde a seus três títulos: esposo, pai, patrão.

I

Deveres de esposo

O esposo deve honrar a esposa, amá-la e santificá-la.

1.º - O esposo deve *honrar* a esposa como Jesus Cristo honra a Igreja; deve honrá-la sobretudo em presença dos filhos, para que a respeitem e amem; em presença dos empregados, para que lhe obedeçam respeitosamente; em presença do mundo, para que ela seja sua coroa de honra.

2.º - O esposo deve *amar* a esposa, como seu próprio corpo, como se ama a si mesmo. A doçura do amor deve temperar a força da autoridade que Deus lhe conferiu, estabelecendo-o chefe da esposa, como Jesus Cristo é o Chefe da Igreja.

Seu amor, de que Deus deve ser motivo e fim, será terno e puro, vigilante e laborioso, dando bondosamente à esposa tudo quanto lhe for necessário à vida e às exigências de sua condição, suportando-a com terna caridade em suas enfermidades, em seus defeitos, partilhando com carinho suas alegrias e tristezas.

3.º - O esposo deve *santificar-se* com a esposa. É mormente pelo bom exemplo, pela doçura de sua virtude e de sua caridade, que o marido granjeará a estima e a afeição da esposa e a sustentará no caminho do bem.

II

Deveres de pai

Os deveres do pai para com os filhos são grandes, e visam fazer desses bons cristãos, cidadãos úteis ao país, eleitos para o Céu. Cabem-lhe três deveres: educar os filhos no temor de Deus, corrigi-los, estabelecê-los convenientemente na vida.

1.º - *Educação*.– O corpo é feito para a alma, e a alma para Deus, que deve esclarecer com as Verdades da Fé e orná-la com sua santidade. À mãe cabe começar essa educação religiosa, ao pai completá-la e firmá-la. Sua palavra contém a graça suplementar da autoridade e da força. O exemplo da mãe convence, o do pai arrasta; e daí a palavra do Espírito Santo: Tal pai, tal filho.

O pai deve, portanto, procurar antes de tudo dar a seus filhos uma educação cristã, como base sólida e indispensável de todo estado honesto e dum futuro risonho. Deve velar com especial cuidado no que diz respeito às escolas e casas de educação, às quais quer confiar a inocência e a fraqueza dos filhos. A inocência de vida e a pureza da fé valem mais que todas as riquezas do século; são preferíveis a todas as dignidades, a todas as ciências isentas destes dois tesouros iniciais.

2.º - *Correção*. – O dever da correção consiste em corrigir os defeitos da criança; em precavê-la contra o escândalo; em zelar suas amizades.

a.) A criança tem inúmeros defeitos. Os vícios se vão desenvolvendo com a idade. O importante é surpreendê-los de início, e observá-los com constância. A correção duma criança deve ser:

Calma, para ser justa. A correção infligida no impulso da indignação ou cólera é antes prejudicial que útil.

Razoável, isto é, proporcionada à culpa. É melhor moderá-la a torná-la severa demais. Assim procede a Misericórdia de Deus para conosco. O essencial na correção é fazer ver ao menino a razão, o pesar e o mal de sua culpa, a fim de formar o seu espírito ao ódio do mal, e à estima e ao amor do bem.

Cordial. O coração do pai se fará sempre sentir, até nos castigos mais severos, para facilitar a volta humilde e contrita da criança, e para que o culpado perceba o amor do pai, obrigado, por dever, a repreendê-lo e puni-lo, para o seu próprio bem.

Digna. O pai é chefe e deve honrar e fazer honrar em si a autoridade divina. Se, por um lado, convém evitar a excessiva severidade, que abate e desanima, por outro lado há de precaver-se ainda contra a fraqueza, que gera o desprezo. Seja o pai digno em suas palavras, nobre na espera paciente da conversão, bom na graça do perdão.

b.) O pai deve defender seus filhos contra o escândalo, que desperta na criança a idéia adormecida do mal. É-lhe, pois, dever imperioso preservar o menino das feridas mortais, pois a ignorância curiosa, a fraqueza, o amor-próprio de imitação, tornam-no rapidamente culpado.

À medida que se desenvolve a inteligência do menino, é preciso premuni-lo com prudência, mas também com energia, contra o escândalo inevitável que o aguarda ao entrar na vida. Com *prudência*, incutindo-lhe horror ao mal, denunciado a princípio, de modo geral, para depois, aos poucos, especificá-lo, segundo os graus de virtude e os perigos que corre. Com *energia*, pelo poder da fé, do amor, da honra.

O pai será rigoroso na proibição de livros perigosos, pois deixam uma impressão indelével. Será categórico em se tratando de más companhias, pois a mais sólida virtude não resiste por largo tempo a tão funesto escolho.

Feliz da criança a quem uma mão firme e boa guia durante o despertar das paixões, sustentando-a nos primeiros combates. Há de bendizer para sempre o coração que a salvou, preservando sua virtude dum naufrágio triste e infeliz. Tal bem é mais precioso que a própria vida.

c.) O pai deve zelar igualmente as amizades dos filhos. A amizade é uma necessidade do coração. O filho que ama somente os pais e, mais tarde, os irmãos e irmãs, é puro e feliz. O pai e a mãe devem unir as forças para inspirar e entreter o espírito e o amor de família, a fim de que os filhos só se sintam felizes no seio da família.

O perigo começa com o despertar do amor-próprio, ou quando o rapaz vive longe do teto paterno. Aos pais cabe acautelá-lo então contra falsos amigos, mantendo cuidadosamente os laços do amor filial. Se descobrirem alguma amizade perigosa, devem começar pelos conselhos, depois mostrar autoridade, e, finalmente, ameaçar severamente. Rompam com ele, se preciso for, senão o filho há de se perder e deslustrar seu nome. Mais vale desferir um golpe acerbo, havendo ainda esperança, do que esperar a desonra e a morte – e, cedo ou tarde, o amor filial há de prevalecer.

3. *Estabelecimento dos filhos:* – Embora a vocação proceda de Deus, compete aos pais prová-la e dirigi-la. Devem prová-la, pois muitas vezes a Vontade Deus não é clara nem precisa. Não convém julgar a vocação pela imaginação caprichosa e inconstante do rapaz. Urge estudar-lhe o caráter, as disposições naturais, a aptidão da inteligência, a têmpera de juízo, a força de vontade. Feito isto, é mister consultar um homem douto e experimentado, orar, confiar em Deus, e tomar uma decisão, senão definitiva, pelo menos preparatória.

Se o pai destina o filho a uma carreira civil liberal, não deve, por prudência, comunicar suas intenções ao menino, que inicia os estudos, mas limitar-se, simplesmente, a orientar a estes de acordo. Chegada a hora de tomar uma decisão, se o rapaz não tiver ainda manifestado reais aptidões para tal ou tal profissão, ou se não tiver motivado seus gostos em razões esclarecidas, o pai lhe dirá então seu desejo e sua escolha. E nesse caso deverá exigir um ensaio.

Se o rapaz se sentir atraído ao estado sublime do Sacerdócio e tiver as necessárias qualidades, cabe ao pai, é certo, experimentar as disposições do filho, mas nunca se opor a sinais evidentes de vocação. Deus tem direito à primeira escolha, como o rei à sua, e os pais cristãos devem à sua consciência, e ao amor a Deus, a homenagem daquilo que lhes é mais caro no mundo. Então Deus, agradando-se do sacrifício, lhes pagará copiosamente a imolação de seu Isaac; e o filho, todo de Deus, será a consolação e a alegria da família.

É sobretudo em se tratando do casamento que a discrição e a prudência dos pais devem guiar os filhos. O pai deve exigir antes de tudo a virtude e a religião, na pessoa que vier a fazer parte da família, preferindo a virtude à fortuna. Deve querer igualdade de posição, exceto se as qualidades da pessoa sejam tais que supram sua condição natural. Mais vale fazer subir os outros pela própria escolha, a ficar humilhado pela grandeza ou a fortuna alheia.

Se a discrição deve guiar os pais na escolha duma aliança matrimonial, a prudência cristã manda que ninguém imponha, ou contrarie com violência um afeto seguro e vitorioso. É Deus quem une os corações cristãos, e é sua bênção que constitui toda a felicidade da família.

III

Deveres de patrão

O chefe de família deve saber escolher os empregados. O empregado é o guarda de seus filhos, o confidente de seus negócios, o zelador de seus bens.

O patrão deve zelar pela salvação de seus subordinados, proporcionando-lhes os meios ordinários de servir a

Deus. Se eles souberem servir fielmente a Deus, saberão também servir seus patrões com probidade e dedicação.

Um patrão cristão trata seus subalternos com estima e confiança. É justo e razoável quando ordena, caridoso e compassivo ante o sofrimento ou a moléstia, lembrando-se que eles são, como ele também é, filhos de Deus, membros de honra de Jesus Cristo e herdeiros de suas promessas divinas.

§ II. Deveres para com a sociedade

De acordo com a ordem ditada pela Providência divina, todo homem tem certos deveres de sociedade a cumprir, de modo a glorificar a Jesus Cristo perante o mundo. Tais deveres obrigam-no a exercer funções de estado, a ter relações de negócios e ligações de amizades.

I

Funções de estado

Todo estado honesto vem de Deus; pode, portanto, o homem salvar-se em qualquer estado, pois em todos Deus colocou suas Graças de santidade. Os deveres de estado seguem-se aos deveres de piedade para com Deus e a Igreja, e constituem a matéria ordinária de nossos méritos, o centro cotidiano do exercício da conformidade à Vontade de Deus.

O agregado, para manter-se dentro da ordem de sua vocação, deve, pois:

1.º - Estimar e amar, no amor da Vontade de Deus, seus deveres de estado, e cumpri-los com piedade e exatidão.

2.º - Limitar-se aos deveres de estado e neles se fixar. O êxito provém da união e da constância dos meios empregados. O homem só é bem-sucedido quando trabalha dentro da ordem e da Graça de sua vocação e Deus dá a cada qual a Graça própria a essa vocação.

3.º - Se o agregado for pai de família e dispuser de tempo e de meios para ser útil ao próximo, saberá subordinar o exercício do zelo exterior e da caridade aos seus deveres de estado. O dever é de preceito, o mais só de conselho. A caridade bem ordenada começa em casa, e o zelo esclarecido se exerce primeiro na família. Assim a ordem do bem.

Todo desejo contrário ou oposto aos deveres de estado é uma tentação. Um ato virtuoso por natureza, se for praticado em detrimento dum dever de estado, torna-se defeito.

II

Relações de negócios

Todo homem deve fazer render o talento que a divina Providência lhe confiou, tornar seu trabalho útil e fecundo, pois nisso está a Vontade de Deus. O amor à verdade e à justiça deve ser a regra inviolável do agregado do Santíssimo Sacramento em suas relações de negócios.

1. Amor à verdade. Deus é Verdade, e só ama e abençoa a verdade. É esta a homenagem fiel e constante que quer receber do homem em todas as suas obras, pois a verdade nunca prejudica a ninguém. Pode, às vezes, humilhá-lo em seu orgulho, contrariá-lo em seu amor-próprio, combater-lhe as paixões, mas se triunfar de seu coração, será sua glória.

O agregado evitará, por conseguinte, e rigorosamente, a dissimulação e a mentira, que inspiram horror a toda pessoa que se respeita a si mesma; o cristão deve fugir delas como de vícios abomináveis a Deus.

O agregado terá a verdade por norma invariável de conduta, mesmo em prejuízo do seu amor-próprio e de seus interesses. Se a verdade for guardada, a honra está salva e Deus glorificado. Se a prudência pede às vezes reserva e discrição de linguagem, a fim de não revelar alguma verdade nociva à justiça ou à caridade, ou simplesmente inoportuna, a verdade em ação deve sempre, por seu lado, ser a regra do juízo e da consciência.

2. Amor à justiça. Respeitar os direitos alheios, proceder sempre segundo as regras da eqüidade, fazer aos outros o que desejaríamos que nos fizessem, tal é a lei natural e cristã da justiça.

Nunca defender a causa da mentira e da iniqüidade, contra a justiça da virtude ou da verdade, embora seja preciso romper laços de amizade.

Nunca macular as mãos com bens de outrem ou com lucros ilícitos. A honra da probidade, a paz do coração mais valem que todas as riquezas injustamente adquiridas.

Tomar corajosamente a defesa da verdade ultrajada, da justiça violada, da virtude oprimida. Tais são os deveres do homem justo probo. Tal foi a regra do santo homem Jó, a quem, em troca, Deus muito honrou e concedeu inúmeros bens.

III

Ligações de amizade

Um amigo fiel, diz o Espírito Santo, é um tesouro inestimável, mas é preciso saber escolhê-lo entre mil, e prová-lo antes de a ele se confiar.

Existe uma amizade de glória, que desaparece na hora da humilhação. Outra, de interesse, que se transforma em inimizade e revela os defeitos do amigo. Outra ainda de prazer, que se esquiva ante a necessidade.

A amizade do agregado deve ser prudente na escolha e fiel no afeto.

1.º - *Prudente na escolha*. Um amigo fiel é raro; um falso amigo, muito perigoso. É na própria agregação que convém escolher, tanto quanto possível, esse amigo fiel. A simpatia, a espiritualidade, a unidade de espírito e de coração, no amor de Jesus Cristo Eucaristia, tornará essa amizade mais doce e mais santa.

2.º - *Fiel no afeto*. Nada é tão delicado quanto o coração do amigo. É mister saber dar ao amigo provas de confiança e de estima; defender-lhe a honra como a sua própria; zelar o seu bem com desinteresse; ajudá-lo no dia da adversidade. Mas é mister sobretudo adverti-lo caridosamente de seus defeitos – pois nisso consiste a verdadeira prova de amizade; sustentá-lo na prática do bem; fortificá-lo contra os perigos que sua alma possa correr; finalmente, assisti-lo cristãmente se vier a morrer.

Artigo II

Deveres das agregadas mães de família

§ 1. Deveres para com a família.

Deus instituiu a família como o centro dos deveres cristãos, o santuário de suas Graças, o campo fecundo de todas as virtudes. A agregada deve, pois, pôr sua perfeição em cumprir bem com os deveres de esposa e de mãe. E por conseguinte deve estimar o seu estado, servir e santificar a sua família.

I

Estimar seu estado

Para a agregada, isso significa amar a sua vocação, amar a sua família, amar o seu lar.

1.º - *Amar a vocação*, como sendo a que Deus, em seu amor, lhe destinou, de preferência a qualquer outra. Toda flor é bela quando perfeita. Deus antes considera o amor do coração que a sublimidade do estado. Quem souber servi-lo com fidelidade amorosa, ser-lhe-á sempre agradável.

2.º - *Amar a família*. A família é a herdeira natural da sagrada Família de Nazaré. O mesmo espírito, as mesmas virtudes devem orná-la e constituir-lhe toda a alegria.

A agregada amará o esposo como o representante, como o ministro da autoridade divina. Cercá-lo-á de respeito, assistir-lhe-á com carinho e confiança.

A agregada amará cristãmente os filhos, isto é, amá-los-á em Jesus Cristo, que disse: "Deixai vir a mim os pequeninos, e não os estorveis; porque deles é o reino de Deus" (Mc 10,14). Jesus quis fazer-se Menino, a fim de tornar a infância ainda mais amável, ainda mais digna dos cuidados maternos da caridade divina. O amor materno, para ser perfeito, deve ser sobrenatural, terno e generoso.

A agregada, como dona de casa, será, para com os empregados, benevolente, vendo neles membros obedientes de Jesus Cristo, irmãos numa mesma Fé e cidadãos do Céu numa mesma Esperança, almas que Deus lhe confiou, para dirigir e sustentar no caminho da salvação.

3.º - *Amar o lar*. Para sentir-se feliz em casa, a mãe de família deve considerá-la qual outro Nazaré; nela se comprazer, amar-lhe a solidão e o retiro, que a preservam dos escândalos do mundo e a abrigam dos seus perigos; torná-la, por assim dizer, num cenáculo de orações e de graças.

Um dos seus primeiros cuidados será cuidar bem da casa, determinar os deveres de cada qual, zelar pela limpeza e ordem, e pela polidez cristã dos membros entre si, tornando-se ela mesma a alma e o centro de tudo. Sua casa será então qual casa de Deus, onde ela gozará das delícias da paz e da felicidade que dá a virtude.

II

Servir sua família

A mãe, uma vez convencida da estima e do amor que merece o estado que abraçou, deve sentir forte inclinação a servir sua família. E tal serviço será a norma de sua vida, a matéria e o centro de suas virtudes e a regra da piedade que Deus determina para sua santidade.

1.º - Servir sua família será *a norma de sua vida*. A vida da mãe de família é uma vida toda de dependência. Ela sacrifica a Deus, ao tomar estado, sua liberdade e sua vontade, enquanto sua vida passa a ser uma perpétua abnegação; feliz dela se souber tornar essa abnegação meritória e cristã, a exemplo de Jesus Cristo, modelo, em seu Sacramento de Amor, da obediência perfeita, praticada sem glória, sem condições, sem limites.

2.º - Servir sua família será *a matéria e o centro de suas virtudes*.

a. Matéria de suas virtudes. Deus dispôs, para cada estado, da Graça e da matéria da mais alta perfeição. É a lei divina do amor de Deus e do próximo em sua aplicação particular, é a condição absoluta da santidade e da coroa de justiça. As boas obras, enquanto contrariam os deveres de estado, estão fora do caminho, e os desejos piedosos não passam de ilusões. A mãe de família deve, pois, precaver-se contra semelhante tentação, e nunca perder de vista o fim divino que a Vontade de Deus lhe assinalou.

Maria nunca saiu dos limites da vocação simples e escondida que Deus lhe traçara. Dedicou-se exclusivamente aos deveres singelos de esposa e de mãe, aos trabalhos obscuros de sua condição humilde, às virtudes simples e modestas da vida comum. E por isso foi tão agradável a Deus, tão perfeita em seu amor. Feliz da mãe de família que sabe encontrar em seu estado a ocasião da prática de todas as virtudes, e do exercício habitual do amor divino, porque então soube encontrar o reinado de Deus na terra.

b. Centro de suas virtudes. O amor de Deus se exerce no amor ao próximo. Deus é o princípio e o fim da virtude, e o próximo o seu objeto. As virtudes duma mãe de família se resumem todas na prática duma caridade suave.

Será, pois, suave em suas relações, em seus atos, tornando-se, assim, para cada qual, como que a expressão patente e sensível da Bondade de Deus, da doçura de sua paternal Providência.

Será sempre igual, como o móvel divino que a anima: o Amor de Deus.

Será sempre boa e condescendente, como a Bondade divina que a sustenta.

Será sempre dedicada, sem esperar gratidão em troca, pois Deus só lhe basta.

Será sempre mortificada e sempre calma e suave no amor de Jesus Eucaristia.

3.º - Servir sua família será a regra de sua piedade. A perfeição da santidade, sendo a santificação perfeita de sua vocação, a mãe da família deve visar a esse fim em todas as suas obras espirituais, qual soldado, que emprega toda a ciência, todas as armas e toda a força para o combate. Considerará, por conseguinte, a piedade como o meio sobrenatural de santificar o seu estado, subordinando aos seus deveres os exercícios exteriores. Por isso:

a. Ela cuidará de regular e coordenar seus exercícios de piedade, de forma a não prejudicar os deveres essenciais. E se souber economizar o tempo e for ordenada, encontrará sempre o meio de nutrir sua piedade e ao mesmo tempo de se ocupar de tudo convenientemente.

b. Saberá sempre, em caso de necessidade, ou de caridade imperiosa, deixar a Deus para o próximo, abandonar a doçura da oração e do repouso para o sacrifício do trabalho, mediante só esta palavra: Deus o quer.

III

Santificar sua família

Não contente em servir sua família, a mãe deve dedicar-se à santificação dos seus. É o pedaço de terra que o pai de família confiou a seus incessantes cuidados, a fim de que o cultive na paciência, e o faça frutificar ao cêntuplo, pelo zelo puro e generoso duma caridade ardente.

A missão divina da mãe de família é uma missão de fé, de virtude, de oração e de sofrimento.

1.º - *Missão de Fé*. A ela cabe, em primeiro lugar, falar a seus filhos de Deus, da Bondade de Jesus Cristo; desenvolver o germe da Fé neles depositados pela Graça do Batismo, zelar-lhes a inocência, e formá-los bem cedo na piedade cristã e no amor a Jesus Eucaristia.

À mãe cabe conservar e alimentar a Fé da família, afastando rigorosamente tudo o que for apto a escandalizar algum dos seus membros. A Fé é o mais precioso tesouro do cristão, e é por meio de santas leituras, de piedosos entretenimentos, que ela fará frutificar esta virtude nos seus.

2.º - *Missão de virtude*. A mãe de família deve inspirar a virtude e torná-la amável a cada um dos seus. Sua própria virtude será *simples e natural*, a fim de que seus filhos fiquem sendo naturalmente virtuosos; será *doce e afável*, como em Jesus e Maria, a fim de lhes conciliar todos os corações; será *forte e desinteressada*, a fim de se manter sempre igual nas provações e fiel a Deus nos sacrifícios.

Se o esposo que Deus lhe deu é antes um pecador a converter que um cristão a edificar, ela se dedicará com paciência e confiança a essa conversão.

3.º - *Missão de oração*. É sobretudo pela oração que a mãe cristã santifica sua família; pela oração, completa aquilo que sua palavra e seus exemplos esboçaram. Deus nada recusa à oração constante duma mãe – e nisso pôs sua força e sua vitória. A oração, por conseguinte, deve ser-lhe o alimento habitual da alma.

A agregada ensinará, muito cedo, seus filhos a rezar. Tratará, na medida do possível, de fazê-los ela mesma cumprir cada dia esse dever piedoso. Habituá-los-á sobretudo à visita freqüente ao Santíssimo Sacramento, levando-os à Igreja desde pequeninos

4.º - *Missão de sofrimento*. O título de mãe é fruto do sofrimento. Deus assim o quis. O de mãe espiritual se adquire somente no Calvário, ao lado de Maria, Mãe de todos os homens.

Para obter a salvação dos seus, a mãe de família deve, portanto, resignar-se a sofrer, e a sofrer a sós com Jesus e Maria. São, todavia, sofrimentos felizes, que geram almas à vida da Graça, filhos a Deus, e cidadãos para o Céu. Quanto maior o sofrimento, quanto mais isento de consolação natural, tanto mais deve a mãe regozijar-se na caridade divina, pois é sinal de que a hora da vitória se aproxima.

Ditosa a mãe que tem a ciência da Cruz e a virtude de Jesus Crucificado, porquanto terá toda a doçura e poder inerentes. Que ela se exerça sem cessar na prática do amor crucificado, que o peça instantemente, como sendo a Graça mais segura e mais sublime da perfeição.

§ II. Deveres das agregadas em suas relações com o próximo

As relações da agregada com o próximo devem ser de três espécies: de parentesco, de amizade, de sociedade.

I

Relações de parentesco

Tais relações fazem parte dos deveres cristãos, e são, não raras vezes, delicados. A inveja, o próprio interesse, o demônio da discórdia as dificultarão, perturbando a união da paz e da caridade.

A agregada empregará toda caridade e prudência para manter os laços do amor familiar entre os seus, para pacificar os espíritos divididos, e reconciliar os corações melindrados.

Será uma mediadora poderosa, se procurar sempre a glória de Deus e o bem espiritual de seu próximo, sacrificando seu interesse e amor-próprio.

Será um laço de união se, em suas palavras, for sempre caridosa para todos, e se, em suas relações com o próximo, der provas de estima e de consideração pelos méritos de cada qual, procurando antes servir que ser servida, esquecer-se que aparecer.

II

Relações de amizade

Em regra geral, a agregada não deve querer outros amigos, na divina caridade, que os membros de sua família. Se, todavia, sentir certo isolamento e Deus lhe der uma amiga espiritual, queira-lhe bem como a uma irmã, e nela se apóie como num sustento. Não esqueça, porém, que a reserva é o sal da amizade.

A reserva torna o cristão sempre puro no afeto, prudente na confiança, digno nos sentimentos, modesto em toda a vida. A agregada deve, pois, ser reservada:

1.º - Nas penas e aflições de família, quando basta uma palavra imprudente para dividir os corações, envenenar uma ferida já meio cicatrizada, e acender o fogo da discórdia.

2.º - Na revelação dos defeitos dos seus, quando a honra e a caridade mandam que se cale, e a prudência lho impõe como regra, pois um amigo às vezes pode ser indiscreto.

3.º - Na escolha dos amigos dos filhos, se for mãe de família. A amizade é, na juventude, fonte do bem e do mal.

4.º - Finalmente nas expansões do coração, sobretudo nos momentos de dor e de tristeza. É raro encontrar-se um coração amigo, que saiba consolar e fortificar a alma desolada em Deus.

Feliz da alma a quem Deus basta e que tudo encontra em Deus – luz, força e felicidade!

III

Relações de sociedade

Em virtude de sua situação e de seus deveres de estado, a agregada é muitas vezes obrigada a ter relações com o mundo. Estas devem ser de três espécies: relações de cortesia, de negócios, de conveniência.

1.º - *Relações de cortesia*. Consistem sobretudo em receber, em fazer visitas. Ora, a agregada deve prestar-se sempre e de boa vontade, quando o dever e a caridade o exigirem. O respeito pela verdade, o amor à caridade, a edificação do próximo serão o seu mais belo adorno. Mas, no interesse de seus deveres de piedade, ou de estado, deve evitar tanto quanto possível as visitas inúteis e frívolas, que dissipam a alma, abalam a devoção, ferem muitas vezes a caridade.

2.º - *Relações de negócios*. A prudência e a simplicidade devem servir-lhes de regra. Prudência nos meios, movimentando tudo quanto Deus lhe deu de inteligência, de capacidade, de indústria honesta, para ser bem-sucedida no trabalho. É negócio legítimo dos talentos de que fala o Evangelho. Simplicidade na ação, visando sempre à justiça, agindo conforme a verdade, contando só com Deus para o êxito. Isso e viver de fé.

3.º - *Relações de conveniência*. A agregada vê-se por vezes obrigada a tomar parte nas festas mundanas, levada pela posição, pelas conveniências de família, ou pelas exigências de amizade. Nessas relações, que tanto custam à sua piedade, tomará, como norma de conduta, a modéstia, a caridade e a humildade.

A modéstia será o seu mais belo adorno; será o seu protesto cristão contra as vaidades do século, e o seu poderoso defensivo contra qualquer perigo.

A caridade fará com que a agregada seja doce, para não cansar a ninguém, atenciosa em tudo o que a consciência não proibir, dedicada até o limite do dever.

A humildade brilhará na agregada com toda a simplicidade perante a glória e a ambição humanas. Saberá eclipsar-se e esquecer-se a fim de só se ocupar dos outros, e receberá, com a serenidade da paz, as humilhações do amor-próprio, sabendo encontrar a Deus por entre as alegrias e os prazeres do século.

Assim, a agregada, modesta, humilde, caridosa, poderá freqüentar as festas mundanas, sem lhes temer os perigos. Terá cumprido com seu dever e espalhado em redor de si o suave aroma de Jesus Cristo Eucarístico, em quem vive e por quem procede.

Artigo III

Deveres dos jovens agregados

I

Os deveres de família devem ser suaves para o coração do filho carinhoso, do irmão dedicado. Deus fê-los a lei primeira do amor ao próximo.

1.º - *Deveres de filho*. Pela natureza somos levados a amar nossos pais, e isso constitui a felicidade de nossa vida. A Fé no-los apresenta como representantes do Poder e da Bondade de Deus e no-los faz amar com amor sobrenatural. Assim o amor cristão possui toda a força da natureza e da Graça.

Para ser verdadeiro, o amor filial revestirá três qualidades. Será respeitoso, submisso, dedicado.

a. *Amor respeitoso*. O respeito é a primeira prova do amor filial. Um amor despido de respeito não passa de amor-próprio, vizinho do desprezo. O respeito é o guarda fiel do amor, é-lhe a coroa de honra e de glória.

Em presença dos pais, o filho evitará rigorosamente toda palavra menos respeitosa, ou trivial, que não ousaria dizer diante dum chefe probo; bem como todo ato grosseiro ou menos polido, que não faria diante duma pessoa digna. O filho dedicado terá sempre a peito honrar seus pais perante o mundo. Sua honra pessoal lho impõe como dever, e Deus, como preceito absoluto.

b. *Amor submisso*. A santidade de Jesus, até os trinta anos de idade, foi um longo ato de obediência, cuja perfeição o Evangelho nos revela por esta simples palavra: "Era-lhes submisso" (Lc 2,51). A obediência era sua vida.

Feliz do jovem agregado que souber obedecer como Jesus! Seus atos terão grande mérito; seu coração gozará das delícias da paz; sua vida será abençoada por Deus.

c. *Amor dedicado*. O filho carinhoso evitará todo divertimento, de que seus pais não puderem participar; recusar toda amizade estranha, que divida seu tempo e seu afeto em detrimento do amor filial. Sua felicidade está em viver sob o teto paterno; seu prazer, em prodigalizar aos pais cuidados ternos e carinhosos, e ser-lhes, na hora do sofrimento e da provação, consolação e força.

Feliz do jovem agregado que põe a glória de sua vida em servir aos pais, sem outra recompensa senão o amor do dever cumprido, sem outro desejo senão fazer-lhes o bem, sem outra esperança senão a de Deus. Procedendo assim, nada terá de perder, pois o prazer mais puro é o da família, a maior fortuna a da honra, a mais perfeita virtude a da dedicação.

2.º - *Deveres de irmãos*. A amizade fraterna é o mais forte amor. Para ser cristã, essa amizade se deve firmar na caridade e na virtude.

a. *Na caridade*. A caridade, diz São Paulo, é doce, paciente e benigna. *Doce*, em suas relações, evitando tudo o que aparente mau humor ou antipatia. *Paciente*, suportando em paz as fraquezas da idade, os defeitos naturais de irmãos e irmãs. *Benigna*, querendo o bem dos outros como o seu próprio, e procurando-o com simplicidade e prazer. Tal deve ser a verdadeira amizade fraterna do jovem agregado.

b. *Na virtude*. A amizade que se firma apenas no sentimento natural, ou na simpatia, é instável, e não raras vezes será estéril para o bem. Só a virtude dá vida e poder à amizade. Essa virtude deve ser cheia de abnegação, em tudo quanto não for prejudicial ou for indiferente em si; benévola, atenciosa em suas relações, afetuosa em seus serviços, desinteressada em seus sacrifícios, fazendo o bem por amor, e não por interesse próprio; dedicada, sobretudo em se tratando da salvação da alma, não tendo nem paz nem descanso enquanto não tiver salvo o irmão ou a irmã em perigo de se perder. Tal, para ser perfeita, será a virtude do jovem agregado.

II

Escolha de estado

Escolher um estado de vida é o negócio mais sério e mais importante para o rapaz. Da escolha que fizer depende sua felicidade neste mundo e sua salvação no outro.

Compete-lhe, pois, estudar cuidadosamente, no momento preciso, a vocação à qual Deus, em sua divina Bondade, o chama, examinando suas aptidões e inclinações naturais. Mas deve sobretudo encarar a escolha do estado sob o ponto de vista da salvação. Se tiver dúvidas, deve recorrer aos pais, consultar um diretor douto e experiente, e rezar muito.

Uma vez resolvida tão grave questão, o rapaz há de preparar-se por meio das virtudes que devem ornar e aperfeiçoar sua vocação. Se escolher a carreira de ciências, a ela se dedicará assiduamente, trabalhará com unidade de vistas, santificará o estudo pela piedade, e a ciência pela virtude.

Se optar pelo comércio, pela indústria ou por outra profissão análoga, não deve ignorar que precisará de muita energia de caráter para triunfar das primeiras dificuldades, e de uma virtude à prova dos perigos e dos escândalos que oferece, não raras vezes, uma sociedade incrédula e corrupta. O estado mais feliz é aquele que se forma em torno da prudência do pai e da bondade da mãe. A vida do rapaz em família é qual rio caudaloso, que, em seu curso, fecunda e alaga tudo o que o margeia.

Se Nosso Senhor chamar o jovem a uma vocação mais sublime, à glória de seu Sacerdócio divino, ele deve regozijar-se intensamente, mas deve também purificar suas intenções e provar-se a si mesmo; deve rezar muito a Maria, Rainha do Cenáculo, e, chegada a hora da decisão, consultar um homem de Deus e proceder com humildade e confiança.

Se, pelo contrário, se sentir chamado ao estado santo do Matrimônio e tiver a felicidade de ter pais cristãos, ciosos de seu verdadeiro bem e de sua salvação, deve consultá-los e deixar-se guiar pelos seus salutares conselhos. Depois então rezará com fervor, e Deus o abençoará.

Em sua escolha, deve antepor as qualidades de coração aos bens de fortuna, e a virtude à beleza efêmera. Para garantir sua felicidade é indispensável que possa estimar durante toda a vida a pessoa com quem deverá viver num afeto mútuo e cristão.

"Ditoso de quem não segue os conselhos dos ímpios, diz o profeta, e não anda no caminho dos pecadores, e não toma lugar entre os zombadores, mas põe todo o seu prazer em cumprir a Lei do Senhor, meditando-a dia e noite. É qual árvore plantada junto ao riacho, que produz fruto no tempo devido, e cuja folhagem não seca. Será bem-sucedido em tudo quanto fizer" (Sl 1,1-3).

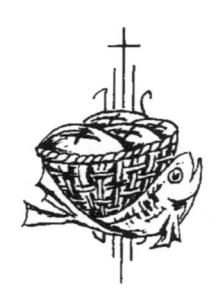

Temas de adoração expostos segundo o método indicado no diretório[1]

I

Jesus no Santíssimo Sacramento

Perante quem estou eu?

1.º - A santa Igreja responde-me: estais em Presença de Jesus Cristo, vosso Rei, vosso Salvador e vosso Deus.

Adora-o, ó minha alma, com a fé do cego de nascença, quando, reconhecendo seu benfeitor, prostrou-se diante de Jesus e o adorou tão humildemente.

Adora-o com a fé de Tomé, e dize com ele: "Vós sois meu Senhor e meu Deus!"

Eu, porém, não vejo a Jesus como o discípulo do Cenáculo. É verdade, mas, diz o Salvador, "felizes daqueles que crêem sem ver com os olhos", sem tocar com as mãos!

A Igreja mostra-me meu Salvador e meu Deus velado sob a forma de uma Hóstia, como o precursor o mostrava sob a forma de um Homem simples, perdido

---

[1] Primeira Parte, Capítulo II, art. II, § 2. p. 62.

no meio do povo, como Maria o mostrava aos Magos, sob a forma de um Menino, de um Infante.

Adora-o, pois, ó minha alma, com a fé dos reis de Belém, e oferece-lhe o incenso de tua adoração, como a teu Deus; a mirra de tua mortificação, como a teu Salvador; o ouro de teu amor e o tributo de tua dependência, como a teu Rei!

2.º - Mas por que não se revela Jesus a mim em todo o seu esplendor, por que não se mostra abertamente aos meus olhos?

Para provar a minha Fé, para torná-la humilde e dócil, submissa à autoridade da santa Igreja, sua esposa e minha mãe, que me fala em seu Nome.

Que necessidade tenho eu, aliás, de ouvir, de tocar, para crer na Presença real de Jesus na Hóstia Santa? Será que sua Palavra divina não me basta? Ninguém exige mais de outrem para crer nele. E pode sua promessa iludir-me? Pode sua Igreja mentir? Podem os santos que crêem, adoram e amam a Jesus em seu divino Sacramento, estar todos no erro e na ilusão?

Ah! fosse eu mais humilde, mais puro, mais fervoroso, e Jesus se manifestaria mais ainda a meu coração. Eu havia de sentir como João Batista a vizinhança desse fogo divino; havia de senti-lo em mim, como Maria, quando o trazia no seio. A luz da Fé penetraria minha alma como raios do sol a iluminar o cristal transparente!

Creio, ó meu Senhor e meu Deus, creio e adoro, com a santa Igreja, vosso Corpo, vosso Sangue, vossa Alma e vossa Divindade substancial, real e verdadeiramente presentes na Hóstia Santa!

Creio, mas aumentai a minha Fé. Dai-me uma Fé simples, tal a da criança; viva, tal a chama de amor; forte, tal a dos Mártires; dedicada, tal a dos Apóstolos!

Para quem está Jesus no Santíssimo Sacramento?

1.º - Para mim! Porque me ama!

Seu amor o levou a entregar-se por mim aos sofrimentos e à morte da Cruz, e fê-lo também instituir esse memorial de sua Paixão e Morte, pelo qual quer alimentar a minha alma.

2.º - É todo meu no divino Sacramento! Tenho-o todo inteiro, assim como está no Céu, com todas as riquezas de sua Glória, assim como estava na terra, com todas as virtudes de sua Morte. Nada tenho, portanto, a invejar aos Apóstolos que viveram ao seu lado, nem aos Santos que triunfam com ele, senão o seu amor.

3.º - Está no Santíssimo Sacramento só para mim. Recebo-o, adoro-o como se eu estivesse só no mundo. Pertence-me, como se não tivesse mais em quem pensar, não tivesse senão a mim para ouvir, para amar – ouso quase dizer, para servir!

Como poderei eu reconhecer tamanha Bondade, tamanho Amor por uma criatura tão pobre, tão indigna! Mas, ó meu Jesus, vosso Amor vos perturba e vos ilude! Esqueceis o que fui, o que ainda sou!

É pela santa Igreja, pelos Santos e Anjos que vos ofereço meus agradecimentos; é com Maria, minha Mãe, que quero celebrar vossa Misericórdia e cantar o *Magnificat*, cântico sublime da gratidão!

Por que está Jesus no Santíssimo Sacramento?

1.º - Jesus esta no Santíssimo Sacramento para me curar. Estou com a febre do pecado, coberto de chagas, e minha alma está atacada da lepra – eis o meu médico!

Ele vem, esse bom samaritano, para me purificar, me fortificar, me restituir a saúde da alma.

Como me é necessário! Há tanto tempo que sofro! As chagas de meus pecados são tão antigas; o hábito do mal está tão inveterado em mim; as tentações de cada instante irritam acerbamente essas chagas, e mantêm em atividade esse foco de pecado!

Mas dizei, ó Jesus, uma palavra, uma só palavra, à minha alma, como à sogra de Pedro ardendo em febre, como ao centurião para o filho agonizante, como ao leproso da estrada, e minha alma ficará sarada!

2.º - Jesus está no Santíssimo Sacramento para ser meu Mestre, para educar-me, ornar-me com sua Graça, dar-me seu Espírito de Verdade e de Amor, formar em mim seus costumes e suas virtudes, numa palavra, para fazer minha educação cristã. É o meu preceptor divino, meu modelo, minha graça.

Jesus está no Santíssimo Sacramento como meu Salvador. Chega-se a mim para comunicar-me as Graças da Redenção, aplicar-me os seus Méritos, fazer correr o seu Sangue divino sobre o meu corpo e minha alma.

Por isso permanece no altar do sacrifício como minha Vítima de propiciação, implorando ao Pai graça e misericórdia para mim.

Mas, para que o seu sacrifício possa produzir frutos abundantes, Jesus pede-me que eu o complete, que me una a ele, que sofra em seu lugar, já que, ressuscitado, não pode mais sofrer.

Dará, em troca, um preço e um valor infinitos a minhas penas, a meus sofrimentos; revesti-los-á dos próprios Méritos de sua Pessoa divina, e fá-los-á seus. Será então a Redenção, a Paixão e a Morte do Calvário, renovada e reproduzida em mim pela Eucaristia!

Que quer Jesus de mim em troca?

1.º - Quer que eu o ame como ele me ama; que o ame pelo menos tanto quanto o filho ama aos pais; ele, o melhor dos pais, a mais terna das mães.

Que o ame como o amigo régio, amigo fiel dedicado, imortal, amigo dos dias bons e maus!

Nada de mais digno.

2.º Quer que o sirva pelo menos tão bem quanto o mercenário serve ao patrão; quanto a honra e a ambição servem ao rei poderoso; quanto a piedade filial serve ao pai venerável, para que não seja dito que Jesus é menos bem servido que o homem!

Nada de mais justo.

3.º - Quer que lhe preste a homenagem de minha vida, de minha liberdade, de meu ser integral, já que Jesus me consagra ao Sacramento e me dá suas Graças, sua liberdade, sua Vida, tudo quanto tem, tudo quanto é!

Nada mais eqüitativo.

4.º - Quer Jesus, finalmente, reinar em mim – e nada mais ambiciona!

Eis aí sua Realeza de Amor, o fim de sua Encarnação, de sua Paixão, de sua Eucaristia!

Reinar em mim, reinar sobre mim, reinar em minha alma, em meu coração, sobre toda a minha vida, sobre meu amor, é o segundo céu de sua glória!

Ah! Senhor Jesus, vinde e reinai! Seja meu corpo vosso templo; meu coração, vosso trono; minha vontade, vossa serva dedicada. Seja eu todo vosso para sempre, não vivendo senão de vós e para vós!

II

Jesus, Deus conosco

1.º - Adorai a Nosso Senhor Jesus Cristo instituindo e perpetuando o seu Sacramento de Amor, para permanecer sempre com o homem, seu amigo, e consolá-lo em seu exílio; para ser o Pão de Vida de sua viagem à eternidade; sua Vítima de salvação; seu Paraíso incipiente.

2.º - Agradecei-lhe a Bondade infinita que o levou a amar de tal forma o homem; que vos deu, a vós, o conhecimento de seu Amor eucarístico; que vos chamou a seu serviço eucarístico, a mais sublime das vocações, apesar de vossa indignidade e de vossa miséria.

3.º - Fazei-lhe reparação de amor por serdes tão tíbio, tão indiferente, tão ingrato, tão culpado para com a divina Eucaristia; fazei reparação por aqueles a quem escandalizastes, pelos vossos parentes e amigos, por todos os pecadores.

4.º - Dai-vos, consagrai-vos ao seu serviço eucarístico, como servo dedicado ao serviço do Senhor, como soldado valoroso ao Rei, como adorador fiel a seu Deus.

III

Jesus, Deus de Bondade

1.º - Adorai a Nosso Senhor Jesus Cristo, que faz da Santíssima Eucaristia o Cenáculo permanente de seu Amor, e convida todos os homens, e cada qual em particular, a vir haurir plenamente nesse tesouro universal e inesgotável de todas as Graças; a participar desse Banquete divino de si mesmo; a receber a Comunhão sacramental, pela qual dá ao homem tudo o que tem e tudo o que é, a fim de que o comungante, em troca, se dê todo a ele e lhe preste a homenagem de sua vida.

2.º - Agradecei o Amor imenso do Dom inefável da Eucaristia, que encerra a todos os dons; agradecei-lhe todas as Graças recebidas pela Eucaristia.

3.º - Humilhai-vos à vista da pouca glória que tendes rendido ao seu Amor; chorai vossa ingratidão, implorai a Graça de sua Misericórdia infinita.

4.º - Tornai-vos o discípulo e o apóstolo do Deus da Eucaristia, da ação de graças eucarística tão negligenciada, tão malfeita, e que, no, entanto, é a primeira virtude do amor, a mais bela flor da Eucaristia.

IV

Jesus, Deus oculto

1.º - Adorai com Fé viva a Jesus velado por Amor ao homem no Santíssimo Sacramento.

Adorai sua Bondade velando sua Glória a fim de que o homem ouse aproximar-se de seu Senhor e de seu Deus e conversar familiarmente com ele.

Adorai sua Santidade velando, a fim de não desanimar a fraqueza do homem, o brilho e a perfeição de suas Virtudes, e lhas revelando aos poucos, e assim elevá-lo a Si.

Adorai sua divina Misericórdia, que, para forçar o homem a recolher-se em Deus, vela sua santa Humanidade e a beleza de sua Divindade, a fim de que o adorador vá a Jesus pela Fé pura, pelo puro amor, e assim o adore em espírito e em verdade.

2.º - Dai graças a Nosso Senhor por esse véu eucarístico que vos mereceu tantos bens, e que vos tempera esse sol da eternidade.

3.º - Humilhai-vos perante o vosso Deus, como que aniquilado sob as espécies sagradas; reparai todas as irreverências e sacrilégios de que Jesus velado é objeto por parte de tantos cristãos. Pedi perdão pela vossa falta de Fé, de recolhimento, de respeito, em sua santa Presença.

4.º - Honrai com grande devoção externa e com grande amor o Deus oculto, desconhecido do mundo, mas visível à vossa Fé, caro ao vosso coração, e que constitui a felicidade de vossa vida.

V

Jesus Salvador

1.º - Adorai a Jesus Sacramentado como vosso Salvador.

Seu Amor fez da Eucaristia o calvário perpétuo da Redenção. Jesus aí está sobre o Altar em estado de Vítima, como na Cruz. É aí nosso mediador perpétuo junto ao Pai, mostrando-lhe suas Chagas para merecer-nos graça. É nosso advogado poderoso, continuando sobre o altar sua oração do Calvário. Faz correr sobre nós esse Sangue que nos remiu e que nos santifica a alma e o corpo. Adorai as cinco Chagas de Jesus, donde brotam, em abundância, Graças e Amor.

2.º - Oferecei em ação de graças a esse bom Salvador a homenagem de vosso corpo e de vossa alma; o amor e a gratidão de vossa santa Mãe a Igreja, a da Santíssima Virgem ao pé do Tabernáculo.

3.º - Fazei reparação de amor a Jesus, crucificado pelos seus próprios filhos, até no Sacramento de seu Amor e em seu estado de Glória; fazei reparação a esse Coração que tanto amou os homens e que só recebe deles ingratidão e desprezo. Esses ingratos ferem-lhe profundamente o Coração, tornando sua Paixão estéril, e privando-se dos méritos de seus sofrimentos e de sua Morte.

4.º - Oferecei-vos como vítima de reparação a vosso amável Salvador, a fim de consolar-lhe o Coração desolado e abandonado; oferecei-vos como mediador de misericórdia entre Jesus e as almas culpadas e dizei-lhe: Ó Jesus, Salvador de todos os homens, perdoai-lhes, que não sabem o que fazem. Estão entregues ao delírio das paixões e à loucura da razão. É vosso inimigo, o demônio, que os impele à incredulidade e à impiedade, pelo ódio à vossa glória; perdoai-lhes, como outrora perdoastes aos vossos carrascos, a fim de que sejam a mais bela coroa de triunfo de vossa Misericórdia.

VI

Jesus, o Emanuel

Consideração

O amor pede três coisas: sociedade de vida, comunhão de bens, união com a pessoa amada.

O amor de Jesus dá-nos estes três bens na sagrada Eucaristia.

1.º - *Sociedade de vida*: Jesus escolheu sua morada junto à do homem, até habitar freqüentemente sob o mesmo teto. Que alegria para a amizade!

2.º - *Comunhão de bens*. Jesus, na divina Eucaristia, nos dá todos os seus bens, bens de sua Graça e bens de sua Glória, todos os seus Méritos, todo o poder de sua mediação junto ao Pai celeste. Quantas riquezas num só dom!

3.º - *União*. O amor pede união, fusão, transformação de vida. Quer fazer um só de dois corações; é a união com o Corpo, com a Alma, com a Divindade de Jesus Cristo; é a extensão da Encarnação no comungante. Jesus disse: "Aquele que come o meu Corpo e bebe o meu Sangue permanece em mim e eu nele". Que troca ditosa! Que vida divina!

Afetos

1.º - Adorai a Jesus na Hóstia Santa pela homenagem soberana de vosso espírito, como sua Verdade suprema; de vosso coração, como seu Deus; de vossa vontade, como seu Senhor; de vosso corpo, como seu Salvador; de toda a vossa vida em holocausto de louvor e de amor.

2.º - Agradecei a esse bom Mestre ter-vos dado a sagrada Eucaristia, ter-vos chamado ao serviço de adoração, à Comunhão freqüente, pois não há na terra maior bem, nem mais doce consolação.

3.º - Fazei reparação de amor por terdes correspondido tão mal às solicitações de seu Amor; por terdes aproveitado tão pouco das Graças da santíssima Eucaristia; por terdes sido tão generoso em se tratando do amor das criaturas, e tão mesquinho e ingrato em se tratando do Amor Eucarístico de Jesus.

4.º - Consagrai-vos de novo a seu real serviço, ao seu soberano Amor, à sua maior Glória.

Visitai amiúde esse bom Salvador, pelo menos em espírito de amor; dai-vos todo a ele, como ele se dá todo a vós; amai-vos nele, a fim de que ele se ame em vós; oferecei-lhe hoje o sacrifício mais penoso ao coração, e dareis prova da sinceridade de vosso amor.

VII

A Instituição da Eucaristia

Consideração

O Amor de Jesus pelo homem é admirável na preparação e na instituição da divina Eucaristia.

1.º - O Amor prepara sozinho seu dom régio. Jesus não confia em ninguém quanto ao cuidado de preparar seu Sacramento de Amor. Escolheu-lhe o local, o Cenáculo; o tempo, a derradeira hora de liberdade em sua Vida; a matéria, o pão e o vinho; os convivas, os doze Apóstolos.

Com que alegria o Coração de Jesus preparou esse divino Banquete para a alma fiel! "Desejei ardentemente comer esta páscoa convosco", disse Jesus. É que o amor está impaciente por se dar, por se dedicar à pessoa querida.

2.º - Foi o Amor que levou Nosso Senhor a instituir o adorável e augusto Sacramento dos Altares. Instituiu-o na véspera de sua Morte, na mesma noite em que foi entregue a seus inimigos por Judas; é o testamento de seu Amor.

Lega-se a si mesmo, sob forma estranha, a fim de se tornar o bem do homem, sua propriedade divina, sua herança.

Contemplai esse divino Salvador no momento em que vai instituir o seu Sacramento. Ergue os Olhos ao Pai, autor de todo bem; dá-lhe graças por ter concedido a Eucaristia ao homem. Toma então e com que respeito – o pão que se lhe vai tornar no Corpo, o cálice do vinho que se lhe vai tornar no Sangue –, ele todo inteiro, pelo Poder de suas Palavras sacramentais! Com que piedade os abençoa!

Adoremo-lo pronunciando, com o Poder de um Deus, estas palavras adoráveis: "Isto é o meu Corpo, isto é o meu Sangue". Nada de mais claro, nada de mais simples, nada de maior sobre a terra. É a obra-prima do Amor.

Afetos

1.º - Adorai a Jesus do Santíssimo Sacramento pela homenagem de uma Fé viva, de uma piedade terna, de um amor ardente.

2.º - Agradecei-lhe ter amado tanto o homem, não só até a Encarnação, até o Calvário, mas até a Eucaristia, derradeiro limite de seu Poder e de sua Bondade.

3.º - Fazei reparação de amor pela vossa falta de Fé, vosso pouco respeito, vossas irreverências nos santos lugares.

4.º - Tomai a resolução forte e inabalável de não falar diante do Santíssimo Sacramento, de conservar uma atitude altamente decorosa e profundamente recolhida. Será a primeira e a mais bela homenagem da vossa Fé na Presença real de Nosso Senhor.

Oferecei ao Deus da Eucaristia um sacrifício de amor.

SEÇÃO II

CONSELHOS DE VIDA ESPIRITUAL EXTRAÍDOS DAS CARTAS DE SÃO PEDRO JULIÃO EYMARD

Amor de Deus

Amai ternamente a Deus; é todo o homem, toda a lei, toda a virtude. Ponde a vossa regra de vida na graça de seu Amor; as vossas virtudes numa só: a do amor, e então sereis mui agradável a Deus.

Amai muito a Nosso Senhor, que é tão pouco amado, pois raras são as almas que se dão inteiramente a ele! Ai de nós! enquanto nos despendemos em prol do mundo falso e ilusório, de paixões vergonhosas e aviltantes, ou de vis criaturas, nada fazemos por Deus. Que humilhação para Nosso Senhor estar o demônio a reinar na terra! E como é desconhecido, até no mundo da piedade, o mandamento de amar a Jesus Cristo de todo o coração!

O livro do amor divino

Na verdade há só uma coisa essencial, que nada substitui e que a tudo substitui divinamente: é amar a

Nosso Senhor, nele pôr todas as nossas obras, todos os nossos prazeres, toda a nossa alegria, toda a nossa confiança; o resto nada é, ou algo de tão instável, de tão miserável, que nos custa ter de nos ocupar dele.

Que é a terra, a gente, os bens deste mundo comparados a Nosso Senhor? Nada, um estorvo. Aprendei a recolher-vos aos pés de Nosso Senhor no silêncio do amor, a escutá-lo na paz do coração, a vê-lo, a contemplá-lo em sua divina e inefável Bondade, a dá-lo a ele, dando-vos a vós.

Tendes, naturalmente, lido bons livros, mas há um, ótimo e sempre novo; é aquele que Deus escreveu nas plantas, nos grãos de areia, em vós mesmo, é o belo livro do amor divino. Sabei, pois, honrá-lo, acrescentando algumas páginas de admiração e de reconhecimento. Lede nesse livro a todos os outros, interpretando-os à sua luz, e tereis a chave da ciência das criaturas e do próprio Deus.

Deveis ter sempre presente à alma o belo espelho de Nosso Senhor, o belo canteiro de flores evangélicas, que são suas virtudes; mas sobretudo as razões divinas da Encarnação, da Redenção, da Sagrada Eucaristia. Cercada por tais quadros, a alma goza, ou pelo menos ocupa-se sempre deliciosamente em Presença de Deus.

Amemos, pois, a Nosso Senhor que tanto nos amou e que nos ama tão ternamente em seu divino Sacramento; dediquemos, cuidadosamente, à Vida Divina de seu Amor, alguns momentos preciosos, sem nos deixar levar e absorver demais por tudo o que nos rodeia.

O Reino de Deus está em nós

"Que desejo eu, dizia o Salvador, senão ver o fogo do Amor Divino abrasar o universo inteiro!"

É, dizem, o fogo que fecunda a terra e movimenta o sangue no coração. E o fogo do Amor de Deus é ainda mais poderoso e mais fecundo. Amai, pois, a Jesus Nosso Senhor e procurai unicamente agradar-lhe, expandindo, em seu Coração amante, as vossas tristezas e alegrias, mas, sobretudo, toda a ternura da alma, pois se amardes assim ao bom Mestre, ele vos bastará e sereis feliz.

À medida que os raios penetram o cristal, este se torna luminoso. Ah! por que havemos de ser sempre opacos em face do sol divino? Frios, expostos à chama divina? Entorpecidos, sob o Poder da ação divina? É que estamos ainda doentes, sempre ocupados conosco e com este miserável mundo que nos cerca, cheios de humores maus que nos turbam o espírito e nos levam a desfalecer. O fogo celeste fumega apenas!

Quando havemos de amar a Deus unicamente por ele mesmo? Quando constituirão as Perfeições Divinas a suave ocupação de nossas orações? A Bondade divina e infinita, o sentimento habitual de nosso afeto? O seu Amor, em sua Vida e em seus Mistérios, o centro habitual de nossa piedade?

Seríamos tão felizes se amássemos a Deus conforme a capacidade de nosso ser, se firmássemos o Reinado do Amor de Deus em nós! Ah! esse Reinado é tudo! Se Deus reina em nós, sua Verdade será a nossa luz, sempre verdadeira e justa; sua Vontade, a norma da nossa; sua Lei, a nossa lei inviolável; sua Glória, o nosso fim. Deus amado é a suprema felicidade. E o que nos atormenta, nos aflige, nos desespera, é o mundo, com seus falsos bens, e sobretudo com sua inconstância, sua ingratidão, suas exigências.

Só Deus merece o nosso coração

Louvado seja nosso doce Senhor, que vos preservou do amor do mundo, que vos velou o coração e vos cobriu o rosto com sua virtude! Como sois feliz por terdes compreendido que Deus é tudo, e a criatura nada, que só Deus merece a homenagem suprema do coração, da vida, de todos os bens. A terra, a vida, todas as qualidades, tudo, com efeito, só vale como meios de glorificar a Deus durante o exílio... Não é verdade que, feita a experiência do mundo e a experiência de Deus, compreendemos a justeza desta máxima: "Tudo é vaidade, exceto amar a Deus e só a ele servir"?

A vida mais longa, mais bela, mais rica, não passa de uma morte, digna de lágrimas, quando não tem a Jesus Cristo por fim.

Viva a liberdade de Nosso Senhor em seu amor! Sede livre, sempre livre em vós mesmo: o amor divino se dá sempre todo inteiro, porque é sempre livre e senhor de si. Quando tudo morre em nós, o coração herda a vida de tudo o mais, crescendo o seu poder e tornando-se a sua paixão de amor semelhante ao fogo. Eis os santos em seu amor para com Deus... Quão longe estamos nós de tais sentimentos!

Amor de abnegação

Mas que devemos fazer para amar a Jesus Cristo de todo o coração? Que indícios nos dirão que assim amamos ao nosso bom Salvador?

Um só, mas este não engana; a melhor condição do amor, a maior prova de que amamos a Deus, é o amor de abnegação e de sacrifícios.

Quereis amar muito a Deus? Lançai amiúde, nesse fogo incipiente, algo que o alimente, para que se torne braseiro, incêndio devorador. E esse alimento é a abnegação de todos os instantes, pois quem ama tudo dá, e quem é amado tudo possui.

O amor verdadeiro esquece-se, dedica-se, imola-se perpetuamente, levado, não pelo interesse ou pela violência, mas pela alegria, visando unicamente dar prazer.

Para amar regiamente a Nosso Senhor, é mister morrer totalmente a si e em si, pois o amor é morte, e depois vida. O amor não tem limites de dia nem de hora; o amor é a eternidade, crescendo sempre em dons sempre novos, em afetos; o amor não tem fronteiras nem margens; é infinito como Deus, o seu centro e fim.

O amor é um fogo consumidor; tudo deve alimentá-lo, mormente o que nos cerca, nos crucifica, nos enche a vida. Mas é preciso dar a Deus tudo quanto ele nos dá, fazendo-o passar pelo fogo do amor. Como sabeis, o amor é ativo, empreendedor, e ao mesmo tempo calmo e tranquilo.

O amor quer tudo abraçar, tudo fazer, e ao mesmo tempo tudo deixar, tudo abandonar.

É forte e nada recusa a Deus. Dá-lhe com alegria aquilo que ele pede ou deseja. O amor quer antes sofrer que gozar, antes o Calvário que o Tabor; quer dizer a todos que amem a Deus, e, ao mesmo tempo, quer fugir do mundo, das suas vistas, do seu sorriso, dos seus afetos.

O amor é o mistério da Graça de Deus. A alma deve deixar-se queimar e consumir.

O amor divino é um lagar

O amor dá sem medir.
O amor dá sem raciocinar.
O amor sofre sem se queixar.
O amor goza, cresce no sacrifício.

O Amor Divino é um lagar que está sempre a espremer-nos a alma, afastando o humano, o demasiadamente natural, para dar lugar ao amor divino. A Graça de amor vai sempre destruindo o amor-próprio, na imolação da própria vontade. É forçoso deixar operar a esse doce Salvador, que gosta de tudo transformar nesse templo de seu amor e de pegar no chicote para afugentar tudo o que não é *ele*. É assim que Deus conduz as grandes almas.

O altar do Amor Divino é a Cruz. Nós mesmos somos a *nossa* cruz. É infelizmente o pobre corpo que sofre, o coração que arde em desejos, a vontade que receia! É uma grande cruz, mas a Graça de Nosso Senhor a suaviza. Coragem! deixai-vos levar pelo bom Mestre qual criança sem vontade, sem outro amor que o seu amor, que a tudo tempera.

Eis o que lhe desejo, o que lhe almejo: o amor de Nosso Senhor, amor simples, filial, de abandono, mas amor que nada tem de si, que nada faz para si, que nada quer para si de humano, seja de quem for.

Só ambiciono para vós uma centelha de amor, mas uma dessas centelhas candentes, que consomem toda a liga, que purificam o ouro, tornando-o belíssimo.

Amai muito a Deus, é a suprema felicidade da vida, mas amai-o com um amor de espírito, em sua Beleza e Verdade divinas, amor de coração afetivo e inteiramente filial, amor dedicado, jovem como a chama do fogo, que nunca se recolhe em si. Fazei tudo por amor a Deus, sofrei tudo por ele, e esse bom Pai se agradará de nós. Ah! quão felizes seríeis se o amor fosse a regra, o motivo e a recompensa de vossos atos. Pode quem ama a Deus e é amado por Deus desejar ainda algo sobre a terra?

Sacramento de Amor

Mas para chegar a esse ponto, deveis nutrir-vos a alma com a piedade, com o Amor divino, com a oração que a educa e alimenta. Nas considerações, nos afetos, nas resoluções da meditação, vede apenas meios que vos conduzam à união do Amor divino. Amai, e atiçai o fogo.

Nutri-vos também a alma com a Sagrada Comunhão, que é, por assim dizer, a Encarnação do Amor divino em vós, é-lhe a chama do dia; comungai, apesar de tudo, comungai todas as vezes que vo-lo for permitido. Alegareis que não sois digno, e é verdade, como também os Anjos não são dignos e toda a nossa santidade não nos merece uma só Comunhão em toda a nossa vida. Mas dela careceis, sois fraco e é o Alimento fortificante; quereis amar a Deus, e é o Sacramento do Amor. Visto sob este prisma, deveríamos até, se fosse possível, comungar em todas as horas do dia.

Finalmente, desenvolvei em vós o foco de amor, pelas leituras espirituais que nos restituem a liberdade de espírito e a frescura de pensamento.

Procurai um livro que vos faça bem sem cansar o espírito. Um livro que vos nutra o coração, que vos leve ao Amor de Deus, de Jesus, quer oculto, quer crucificado, quer eucarístico, ou em todos esses estados.

E, feito isso, depois de terdes procurado nutrir a alma com esse fogo do Amor divino, ide e andai por onde quiserdes, pois seguis um caminho seguro. O círculo da Vontade de Deus é bastante grande para nele exercitar-vos, correndo na santa alegria de sua lei. O amor vai a tudo, e tudo leva ao amor.

Para ser sobrenaturais

Ah! se o relógio da vida pudesse volver às primeiras horas da existência, como havíamos de ser mais sobrenaturais! É preciso, porém, nos contentarmos com as poucas horas que ainda sobram para alcançarmos o meio-dia da eternidade.

Sejamos muito sobrenaturais em tudo! Eis a agulha da verdadeira vida; eis a semente que germina para o Céu os frutos da vida. Tudo consiste nisso e Deus só recompensa essa Vida de Jesus Cristo em nós.

Mas como nos tornar sobrenaturais? Pela Caridade divina ativa. E que vem a ser esta Caridade divina ativa? É a cooperação de nossa vontade com a Graça que nos é dispensada. É o *fiat* de nós mesmos em Deus, é a adesão da alma a Deus. É, numa palavra, o Amor de Deus, lei, centro e fim de nossa vida.

Amai muito a Nosso Senhor. Seja o seu amor forte no coração, florescente nas obras, régio em toda a vida. O nosso divino Mestre é tão belo, tão bom, tão amoroso! Sejamos ciosos de sua escolha e orgulhosos da nossa.

A Sagrada Comunhão

Deus é Bom! A todos os homens substitui, a tudo sobrevive, é sempre o Bom Pai! Por isso, nós também nos devemos dar inteiramente a ele, nesse santo abandono que torna a alma a cega de Deus, sua mendiga, pobre, mas quão feliz. Se conhecêssemos bem a Nosso Senhor, havíamos de estar sempre vivos e fortes! Ide lançar-vos amiúde aos seus pés; ide mergulhar mais ainda no foco divino de sua Eucaristia, e ele vos há de nutrir.

Comungai todos os dias

Perseverai na prática fiel da Comunhão cotidiana. Ponde antes de tudo a vida e o regime espiritual e divino da vida, que Nosso Senhor mesmo vos deu. Nutri-vos a alma, pela manhã, para o dia todo, com esse Alimento celeste. Deixai aí todos os escrúpulos, todas as perplexidades, e ide adiante, levada pelo vento favorável ou pelo vento contrário; mas então será preciso multiplicar a confiança em Deus, navegando sempre com velas desfraldadas.

Sois de Deus, pertenceis sempre a Deus; é mister, pois, viver continuamente de Deus, repousar em Deus, alegrar-vos em Deus. Ora, como o podereis senão pela Sagrada Comunhão?

O amo sustenta a serva: comungai, pois, todos os dias. Que será de vosso trabalho se não comerdes o Pão da Vida? Comei para poderdes trabalhar. Gastando diariamente as forças, precisais refrescá-las e refazê-las incessantemente na fonte divina: a Comunhão vos é tão necessária à alma quanto a respiração aos pulmões.

Festim de família

Como sois a esposa peregrina de Jesus, guardai-lhe a fidelidade de honra e de amor. Ide a ele para ser consolada, e fortificada por ele, mas revertei-lhe toda a glória.

Abandonar a Sagrada Comunhão de cada dia seria abandonar o lugar que vos compete na festa dos filhos de Deus. Não é o momento de contemplar a vossa indignidade, ou esterilidade, mas sim a vossa fraqueza, o convite amoroso do bom Mestre e a companhia de vossa boa Mãe. Ide sempre, contanto que vos possais arrastar, embora indisposta, à Mesa eucarística, onde sois esperada, e voltareis curada, como o paralítico de Siloé.

Comungai, por conseguinte, mas fitando os olhos no Coração de Nosso Senhor, que vos chama, ouvindo a voz da obediência, que vos diz: Ide! – e não vos considerando no espelho de vossas ações, ou de vossas virtudes.

Decerto, quando a Comunhão sacramental não vos for possível, Deus a substituirá pela comunhão de sua Presença de Graça e de amor; mas é mister desejar a primeira, porque Jesus e a Igreja assim o querem.

Comunhão do enfermo

A Sagrada Comunhão, bem como o pão material que nos alimenta o corpo, não é uma recompensa. Nosso Senhor não se chega a nós para coroar-nos as virtudes, mas para comunicar-nos a força de praticar atos de virtude, dar-nos os meios de viver como bons cristãos, ajudar-nos em nossa santificação. Deixar a Comunhão equivale, pois, a deixar o remédio e privar-nos da vida. Não é porque sois meiga, boa, humilde e recolhida, que esta vos é dada, mas para que assim vos torneis, para vos suportardes a vós mesma com humilde paciência.

A Santa Comunhão é a vida e a vossa única virtude. Digo *única*, pois é Jesus formando-se em vós. Considerai a Santa Comunhão como um puro dom da Bondade Misericordiosa de Deus, um convite à sua Mesa de Graça, porque sois pobre, fraca e doente; então ireis cheia de alegria. Não cogiteis em responsabilidade para com Nosso Senhor, mas em ação de graças – mais vale isso. Parti, pois, deste princípio: quanto mais pobre for, tanto mais preciso de Deus. Seja este o vosso passe para chegar-vos ao bom Mestre. É a Comunhão do enfermo, muito agradável a Deus, que vos há de sarar completamente.

Ide a Nosso Senhor como Madalena quando, pela primeira vez, foi lançar-se aos seus pés. Desprezai as inquietações, as tentações, os temores, digo mais, os próprios pecados, e ide procurar a Jesus com trajes pobres. Nosso Senhor só vos pede esta disposição, ou pelo menos esta obediência.

Comungai como uma leprosa pobre, mas contrita. Oferecei a Jesus todas essas tentações, todos esses horrores, como os trapos de vossa miséria; mas não escruteis, não raciocineis a respeito, pois basta o sentimento da própria miséria.

Por favor, não deixeis as Comunhões! Seria desarmar-vos, para depois cairdes de inanição. Alimentai bem a vossa fraqueza e sereis forte; lembrai-vos de que a Sagrada Comunhão é um vasto incêndio que devora num instante todas as palhas de nossas imperfeições cotidianas. Na meditação de cada dia respigai, porém, em torno de Nosso Senhor algumas migalhas divinas; pela manhã abastecei-vos com o Maná, e então a paz e a força não vos hão de abandonar.

Comungai porque sois fraca

Mas tenho ainda uma moral bastante dura a pregar: Procurai em Jesus somente força, alegria e consolo. Que Deus vos faça conhecer e apreciar esse tesouro oculto, e que nos coloca acima das regiões das tempestades e das vicissitudes desta vida passageira.

Continuai, pois, as Comunhões porque sois fraca; e, já que deveis viver em Nosso Senhor, deveis também recebê-lo, pois esse doce Salvador nos disse: "Aquele que me come, por mim viverá, aquele que come o meu Corpo e bebe o meu Sangue, permanece em mim e eu nele".

Mais vale chegar-vos à Sagrada Comunhão revestida de misérias, que vos afastar por temor ou humildade. Seja, pelo contrário, um motivo poderoso para levar-vos a desejar ardentemente esse Pão dos fortes, e, de modo particular, dos fracos e dos pobres; o amor tende antes ao abandono que ao respeito, à confiança que ao temor.

Que o Sol divino dissipe por si mesmo o gelo que vos cobre as ações e as misérias. Será mais rápido. Seja-vos esse festim real a alegria da vossa alma – outra não deveis ter! Seja a vossa vida, como a vida dos galhos da videira, a flor do lírio, o fruto do amor.

Quando Nosso Senhor, pela Sagrada Comunhão, se apossa de um coração, uma vez que seja, deixa inapagável a lembrança e o vestígio de sua passagem. É um reino conquistado, onde Jesus reinou pelo menos alguns dias.

Comungai para amar, comungai amando, comungai para amar mais. "Pedi e recebereis..." É a melhor das disposições.

Fim essencial da Comunhão

Se Nosso Senhor, na Sagrada Comunhão, vos fizer algumas vezes sentir a doçura de sua Graça, agradecei a esse doce Salvador, gozai de sua Presença, de suas consolações, dessa prova pessoal de seu Amor, mas não esqueçais de que o fim essencial e necessário da visita de Jesus não consiste nisto, e sobretudo não vos afasteis da Mesa sagrada por estar frio o vosso coração e serem grandes as vossas misérias. É uma tentação terrível, um golpe mortal que vos quer infligir o demônio. Havíeis de penalizar a Nosso Senhor. Mas, pelo contrário, apertai o vosso coração nas mãos e atirai-o ao Mestre. Comungai qual pobre mendigo, qual enfermo, ou doente, mas sempre com humildade e confiança, com o desejo de melhorar e de amar muito a Nosso Senhor. Ide à Sagrada Comunhão como uma criança; que a confiança vos anime, que a simplicidade do amor vos sirva de oração, e um imenso desejo de amar de preparação.

Não cogiteis nem de progresso, nem de lucros, e sim daquilo que necessitais e do desejo que tendes de amar muito a Deus.

Pois nesta terra uma só coisa é necessária: amar a Deus e a ele só servir, e é a Sagrada Comunhão que, fazendo-nos viver em Nosso Senhor, alimenta em nós esse amor e nos faz progredir no caminho da santidade.

Verdadeiro progresso

"Eu não progrido", afirmais. Mas eu vos digo que o verdadeiro progresso consiste em cumprir com a santa Vontade de Deus, em dizer sem cessar: Farei melhor.

Enquanto vos alimentardes de Jesus Cristo, o demônio nenhum mal vos pode fazer, e sereis forte e bem protegida. Ah! não vos afasteis da Comunhão, nem que vos mova um sentimento de humildade. É preferível, mesmo depois de algum pecado venial, ir purificar-vos no fogo da divina Eucaristia.

Continuai sempre a fortificar-vos com o Pão dos fortes, pois a Santa Comunhão é o fim da vida e a sua perfeição, é a devoção régia que a tudo substitui. É-vos o magno exercício das virtudes cristãs, o sumo ato do amor, o orvalho matutino.

É preciso, por conseguinte, chegar-vos à Santa Comunhão como à Graça soberana de santificação, como uma criança meiga, que nada tem, como um pobre de verdade, que de tudo carece e a quem Nosso Senhor se quer dar em sua predileção.

Vida de união a Deus

O homem, por si mesmo, nada pode. Inclina-se ao mal, e se Deus não o sustentasse, seria capaz de todos os crimes. Assim como a vara, se não estiver unida ao cepo da videira, não pode produzir frutos, assim também não podemos nós produzir bons frutos se não permanecermos unidos a Jesus Cristo.

Ah! se pudéssemos compreender esta palavra de São Paulo: "Não vivo mais eu, mas Jesus Cristo vive em mim"! E esta ainda: "É preciso que Jesus cresça em nós até o estado de homem perfeito"!

De fato, Jesus Cristo tem em cada homem um nascimento e um desenvolvimento espiritual. Ele quer glorificar ao Pai em cada um de nós. Digamos, pois, com São João Batista: "É preciso que ele cresça e que eu diminua".

Mas, para que ele permaneça e cresça em nós, é mister permanecermos nele; é mister respondermos ao seu chamado.

Dar o coração e o espírito

Demos não somente o coração, mas também o espírito. Deus não pede esse sacrifício a todos os homens. É por demais penoso. Pede-lhes somente o coração: "Meu filho, dá-me o teu coração".

Só a um número muito pequeno pede o espírito, a inteligência, o juízo: "Aquele que quer ser meu discípulo renuncie a si mesmo, leve a sua cruz, e siga-me". Dar o coração é fácil, mas dar o pensamento, o juízo, a inteligência, é o mais duro sacrifício. É queimar-se vivo. Custa muito. Não podemos, a princípio, compreender a idéia de Deus, mas, depois, que luz ele nos dá! Sua Sabedoria surge luminosa.

O Céu se regozija, a Santíssima Trindade se compraz em ouvir a alma cristã exclamar: "Não vivo mais eu, mas Jesus vive em mim". A sua Verdade, velada ou brilhante, vive em meu espírito; o quadro de suas virtudes e de seus sofrimentos anima-se em minha imaginação; seu Coração, cercado de espinhos, aberto pela lança, ardendo de Amor, seu Coração divino, absorve, penetra, anima-me o meu; as Chagas sacrossantas de seu Corpo imprimem-se no meu, qual selo divino da aliança eterna que firmou comigo; sua Vontade é a regra, a vida, o instinto da minha. Permaneço em Jesus, e Jesus permanece em mim. Enquanto houver em mim um lugar para o sofrimento, um sentimento, um desejo, um afeto a vos sacrificar, ó meu Deus, deixai-me sobre o Calvário da vida. Sobra tempo para gozar, agora quero sofrer convosco, ousarei dizer por vós? Digo, sim, por vós, ó "fogo devorador e consumidor!"

Alimentai-vos de Nosso Senhor

Como alcançar essa união divina?

Há inteira liberdade quanto à escolha dos meios, ou antes utilizai-vos de todos os meios para alcançar essa união. Que tudo vos fale de Deus, e falai dele a todos aqueles com quem tendes relações, orando pelos que não o conhecem, e pedindo a Deus que vos torne semelhante às pessoas piedosas que conheceis – não para serdes mais bela, mas para melhor o servir.

Não vos seja o pensamento de Deus um pensamento abstrato. Estimulai sempre o coração. Dedicai-vos sobretudo ao louvor e à ação de graças. Gostai de repetir a todo momento: Quão Bom é Deus! Só ele é Bom!

Alimentai-vos de Nosso Senhor, de seu espírito, de suas virtudes, de sua verdade evangélica, da contemplação de seus Mistérios. Ponde a piedade na união a Nosso Senhor, a fim de perder a vida na Vida do Esposo divino da vossa alma.

Não vos afasteis dele, que vos disse: "Se permanecerdes em mim e se minhas palavras permanecerem em vós, tudo quanto quiserdes vos será concedido". Colocai-vos, não nos raios do sol, mas no próprio sol, e tereis todos os raios em essência; então nada será capaz de enfraquecer-vos. Que os defeitos, e os próprios pecados, sejam purificados e corrigidos como a ferrugem da espada lançada à chama e logo consumida pela ação súbita do fogo.

Permanecei antes na luz da Bondade de Deus que na sua doçura. A luz é o conhecimento de sua Perfeição, das minúcias e das razões de seu Amor, em seus dons, em sua manifestação ao homem.

Alegrai-vos quando Jesus vos mostrar a razão de sua Bondade, de seu Amor, de suas Virtudes, e até, ou antes e sobretudo, das provações e dos sacrifícios que impõe à alma querida.

Estudai a Nosso Senhor e tratai de adivinhar, de surpreender-lhe os segredos, o porquê de seu Coração, e ficareis arrebatada. Subi sempre para alcançar-lhe o Coração, sede da felicidade de nossa vida. Arranjai-vos uma cela no Cenáculo e no Calvário, focos divinos do Amor, e Nosso Senhor se agradará.

Cultivai o santo recolhimento

Dai ao próximo as chamas de vosso coração delicado, mas deixai a este no Coração de Jesus, e nada tereis a recear, nada a temer.

Cultivai o santo recolhimento, isto é, vivei em sociedade de vida, de união e de amor com Deus, com Nosso Senhor. O santo recolhimento é a raiz da árvore, a vida das virtudes, e até do amor divino; é a força da alma concentrada em Deus para daí irromper e expandir-se. Que Nosso Senhor vos conceda essa Graça das graças.

Permanecei sempre no interior, vivei em vosso interior, possuí-vos, virai-vos de fora para dentro, deixai este mundo; retirai-vos com Jesus em vosso coração, onde ele vos move a alma, falai-lhe a linguagem interior que só o amor entende e compreende.

Entretei uma doce e habitual conversação em vosso interior e não o percais de vista, se quiserdes conformar-vos àquele que dizia: "Jesus é minha alegria e felicidade!" Lembrai-vos deste princípio de vida, de que só encontrareis felicidade no serviço de Deus na vida interior de oração e de Amor.

É em nós que o Espírito Santo ora e geme por meio de indizíveis suspiros de Amor. O reino de Deus, a que se referem as Sagradas Escrituras, é o reino interior de Deus no homem, quando reina sobre a sua inteligência pela fé, sobre o seu coração pelo amor, sobre o seu corpo pela mortificação das paixões.

Amai, por conseguinte, a solidão da alma. É o santuário de Deus, onde enuncia os seus oráculos de amor; aí aprendereis em pouco tempo, e sem dificuldade, a conhecer a Deus em sua Luz, a degustá-lo na essência de sua Bondade, a imitá-lo em seu espírito de Amor. Em tal escola estamos sempre a recomeçar, porque estamos sempre a meditar numa verdade nova; penetramos mais adiante nas profundezas da Ciência e da Virtude de Deus. Ah! Acreditai-me quando vos recomendo a oração de silêncio, de contemplação, de união a Nosso Senhor; é o único verdadeiro centro de vida.

Ide em busca desse bom Mestre antes pelo dom que pelo trabalho, antes pelo amor que pelas virtudes, antes pelo recolhimento que pela ação. Numa palavra, colocai-vos em Deus e estareis em vosso centro divino. Tudo o mais é lida penosa e difícil para a alma, que então trabalha demasiado; mas aqui é Deus que trabalha nela, é o orvalho celeste que a penetra com suavidade. É mister correr a Deus pelo caminho mais curto e estar sempre a redobrar as forças.

Vida em Deus, com Deus

Vós vos queixais das dificuldades que tendes em vos recolher. É que o recolhimento é um começo do Paraíso. Mas, assim como para entrar no Céu é preciso passar pelo sofrimento, assim também, com o recolhimento. Podemos defini-lo como sendo a vida em Deus, com Deus. Ora, é isto o Céu.

Tende, pois, o recolhimento da intenção, depois o do afeto, e aproximai-vos tanto quanto possível do recolhimento do pensamento da Presença habitual de Deus.

Ah! se víssemos mais a Deus em tudo, se o consultássemos como o fazem os Anjos, havíamos de proceder mais sabiamente, seríamos sempre senhores de nós mesmos, porque estaríamos em tão boa companhia!

Eis a que vos deveis aplicar sobremodo. Começai pelas orações, afugentando as moscas na igreja, entregue unicamente a Deus e à vossa alma, e aos poucos ireis adquirindo maior domínio sobre vós mesmo.

Velai contra a dissipação do espírito. É muito prejudicial ao coração, porque, se o espírito voa por toda parte, distraindo-se com tudo, preocupando-se com mil ninharias, o coração fica vazio, os bons pensamentos não o alimentam mais; a memória não lhe lembra a Presença de Deus; a imaginação diverte-se, e diverte o espírito, com suas loucas invenções. Então, o pobre coração fica reduzido a sentimentos de piedade em relação a Deus, à inspiração da Graça, e, não estando bem arraigado em Deus, nem cheio de seu amor, e não vivendo do Espírito Santo, esgota-se logo e se aborrece.

Coragem! Precisamos labutar pelo santo recolhimento vivendo da Lei de Deus, de sua Verdade, dos dons de sua Bondade, dos testemunhos incessantes de seu Amor. É preciso constituir-vos um centro de vida, uma morada em Deus, a fim de que o Espírito de Nosso Senhor encha o vosso mau espírito e seja luz, alegria e vida do coração.

O recolhimento será antes do coração que do espírito. Tratai a Jesus interior, como tratais um hóspede querido, amigo, soberano; não o deixeis a sós por muito tempo; achai meio de lhe dizer uma palavrinha por entre as ocupações; de lhe trazer um leve ramalhete de amor; não deixeis o fogo divino diminuir; alimentai-lhe cuidadosamente o foco pela união a Deus, pela oferta habitual de tudo o que se apresenta, e sobretudo dos pequenos sacrifícios cotidianos; dai-vos generosamente a todos os deveres de estado, a tudo quanto vossa posição exige. A gota de água acaba por encher o copo, por formar um riacho, e depois um rio. Utilizai tudo para lenha, pois tudo aproveita, diz o santo apóstolo, a quem ama a Deus. Então Jesus, o vosso bom Mestre, terá prazer em permanecer convosco, esperar-vos-á com alegria.

A raiz é a vida da árvore

Desconfiai também da tentação de zelo, que nos leva a pensar nos outros e a descuidar-nos de nós mesmos.

Que o vosso zelo se prenda ao dever, mas acreditai no que vos digo, aspirai à vida interior pela atração do Amor divino.

É mister respirar bem em Deus, profundamente, dele viver. Afinal, só a vida íntima com Deus é vida verdadeira; a vida exterior só serve para esgotar a nossa virtude tão débil.

É evidente que a raiz é a vida e a força da árvore, mas fica oculta, porque precisa trabalhar no mistério e na paz.

Ora, dá-se o mesmo na vida espiritual; a caridade, as virtudes, as obras exteriores, a própria oração vocal, não são, e não devem ser, senão ramos; mas a vida dessas obras está toda no recolhimento, na união da alma em Deus. É-lhe alimento, luz e força. Eis por que deveis aproximar-vos de Deus na oração, ouvi-lo, de preferência a estar sempre a falar-lhe; ficar aos seus pés prestando-lhe homenagem, de preferência a praticar atos de dedicação, onde a alma em geral perde o recolhimento e se evapora em sentimentos que lhe são estranhos.

Quanto mais vos despenderdes no exterior, tanto mais deveis guarnecer e encher o vosso interior de Jesus.

Verdadeira atividade espiritual

A atividade da alma, eis o nosso grande inimigo. Parece aquecer-nos na piedade, mas é muitas vezes ardor fictício e debilitante. A verdadeira atividade espiritual é aquela que é feita em Deus, ou em torno de Deus, porque então a alma se une, pela caridade, a seu fim e à sua graça imediata. Eis por que nada é mais ativo que o verdadeiro Amor de Deus, porque é a chama atuando em seu foco.

Procurai tornar-vos interior, isto é, procurai viver com Deus, trabalhar de sociedade com Deus, ser feliz em Deus. Sabei alimentar-vos de sua divina Providência, natural e sobrenatural, de cada momento; conservai-vos ternamente unida a Deus pelo sentimento simples do coração e do desejo, de modo geral quando nada de especial vier estimular-vos o amor, e, de modo particular, quando receberdes alguma visita interior benfazeja.

Então a Luz divina há de inspirar e motivar o vosso pensamento, e dirigir os vossos juízos.

O fogo sustenta-se a si mesmo, quando o foco que o alimenta é bom. Todavia, se o seu elemento é a atividade, a verdadeira atividade do amor é íntima. Quando Deus quiser dar a essa chama um exercício exterior e torná-la incendiária, bastará um Sopro que vire a chama para a lenha em redor; e quando esse Sopro vos visitar, então deixai que a chama devore tudo cabalmente. É Deus que a impele.

Possa a lei do Amor de Deus ser-vos sempre a regra, bem como o motivo do amor ao próximo, segundo a hierarquia dos deveres.

Possa o espírito de piedade vos levar a pairar acima de toda obrigação exterior. Alimentai o coração com a expansão habitual em Deus, o espírito com a prática cotidiana da meditação, a vontade com a abnegação da virtude.

Eis a lei de vossa santidade, que deveis adquirir e alimentar incessantemente.

Pedi repetidas vezes a Deus para amá-lo na caridade do próximo, para permanecer com ele no meio do mundo, recolhida e calma, por mais absorvente que seja a ação. Nossa alma deveria ser um santuário impenetrável, onde só Deus operasse, e donde emanassem a força e a graça da vida.

Dificuldades da vida interior

Lembrai-vos de que a alma, quando se entrega à vida interior, quer maior generosidade e energia do que quando se dedica e se sacrifica toda à caridade ou aos deveres exteriores que sustentam por si a atividade natural e possuem uma Graça de força.

De início, tudo parece fácil e agradável, porque estamos sob a impressão doce e amável da Graça, mas a hora de provação não tarda. E então dá-se o grande choque. Fizemos demais, ou não bastante, nos primeiros tempos. Se não fizemos bastante, é a censura amarga, não da consciência, mas do demônio a dizer-nos que tudo está perdido, que fomos infiel. Se fizemos demais, é o desânimo quando surge a primeira infidelidade. Aí está o fruto do amor-próprio. Contamos demasiadamente conosco.

A vida interior, colocando-nos constantemente às voltas com nós mesmos, acaba por cansar-nos a mísera virtude, a energia natural; e, se não tivermos cuidado, acabaremos por temer todo exercício interior. O espírito tem medo, o coração receia, e a vontade exclama: "É duro demais estar sempre a vigiar-me, a observar-me, a mortificar-me em tudo".

A natureza adormecida desperta prontamente, mais forte que nunca. É por isso que devemos vigiá-la muito, arrancar as raízes mais insignificantes, a fim de que a árvore de vida tenha toda a seiva da terra fértil.

Não vos apiedeis desses rebentos pequeninos que querem brotar de novo ao pé da árvore divina.

Ah! combatei essas impressões. É preciso que o Amor divino as tome, ou como lenha para alimentar-lhe a chama, em se tratando daquelas que poderão ser nocivas; ou como semente, que as faça germinar, crescer e amadurecer. Nisso consiste o fundamento da vida espiritual.

Quando uma alma quer viver da vida espiritual, só tem um inimigo a recear: a indolência, a covardia.

Importa, pois, fazermo-nos violência, violência suave para com os outros, forte e violenta para conosco.

É a condição imposta à vida de recolhimento. Deixar o Egito e atravessar o mar Vermelho, é um momento difícil e doloroso, mas uma vez no deserto, sob as asas de Deus, como os pintos de que fala Nosso Senhor, então respiramos outro ar, vivemos de uma outra vida e compreendemos estas palavras tão pouco conhecidas: "Meu fardo é leve e meu jugo suave". E chegamos a acrescentar: "Não sabia que era tão doce fazer sacrifícios por Deus".

Como permanecer em Nosso Senhor

O vento não penetra numa casa bem fechada. A alma que sabe permanecer em Jesus tampouco experimenta o furor das tempestades.

Procurai alcançar essa morada bem-aventurada. Jesus disse-nos: "Quem permanece em mim e eu nele, produz frutos em abundância".

Como permanecer em Jesus?

1.º - Pelo amor à sua adorável e sempre amável Vontade!

2.º - Pela contemplação de sua infinita Bondade, que se derrama incessantemente sobre nós.

Acompanhai-lhe a Providência divina, andando nas pisadas de sua Bondade pessoal, e vos causará admiração ver como ocupais a Deus, como o preocupais mesmo.

Este modo de encarar a Providência em sua Bondade e em seu Amor, é a suma felicidade da alma, e nos suscita sentimentos sempre novos. É como que um antegosto do Céu!

Seja, pois, vosso espírito todo de Deus e vosso coração seu eco e fruto, já que Deus visto é a lei, e a medida do amor, e o amor da virtude.

Sede de Deus, como o pássaro no ar, e o peixe no mar.

Que felicidade viver nessa atmosfera divina! Precisamos, de fato, ser muito generosos na mortificação para viver dessa vida interior em Jesus, mas o amor opera sem dor. O mundo é um Calvário que crucifica bons e maus. Quantos sacrifícios de abnegação surgem a cada instante! Fazei-os bem por amor a Deus.

Mas sede sempre graciosa no dever, generosa na virtude, piedosa no amor, e sereis tal qual Deus vos quer.

Regulamento de vida

Cabeça livre de toda preocupação, mas toda entregue à Vontade de Deus no momento.

Coração todo a Deus, para adorá-lo, amá-lo e servi-lo segundo deseja.

Vontade infantil.

Presença de Deus, oferta habitual do que fazeis, espírito de mortificação, atenção aos sacrifícios de renúncia que Deus vos pede a cada instante, economia de tempo. Fazei tudo para Deus e tudo vos será proveitoso.

Trabalhar sem visar ao êxito, mas cuidando só do dever.

Relações com o próximo, somente de conveniência ou de caridade, simples e cristãs, ternas e boas para tudo o que sofre.

Oração como Deus a faz; tomando por base o dom e a ação de graças.

A Sagrada Comunhão: Pão de força e de vida. Chegar-se a ela pobre e débil, grata e amorosa.

Exame, sobre os deveres, e eis tudo.

Eu vos dou incessantemente ao divino Mestre. Sede-lhe coisa, serva, adoradora.

Oração

Uma regra importante de santidade é saber encontrar tempo para cuidar da alma. O demônio no-lo faz desperdiçar.

Oração! oração com Deus e por nós mesmoS, eis a primeira lei.

E agora a segunda: a generosidade em cumprir com a santa Vontade de Deus a nosso respeito, pela abnegação própria, pelo amor do dever, fazendo tudo para agradar a Deus.

Sede uma alma de oração

Coragem! tornai-vos santa! Já é tempo, e para tornar-vos uma grande santa, sede uma alma de oração e de generosidade, pois o essencial é querer e perseverar nesse fim.

É tempo de cerrar fileiras em torno de Jesus, nosso Mestre. Procurai chegar-vos o mais possível a ele, e permanecer no seu serviço.

A fortaleza é a virtude do soldado, o amor a da criança, a dedicação pura a do apóstolo e do religioso. Cultivai estas três virtudes e sejam elas vossa trindade de vida. A fortaleza provém do amor; amai, pois, e amai muito. O amor provém do foco de oração; sede, pois, antes do mais, uma alma de oração, mas de uma oração toda vossa, afetiva, recolhida, que degusta a Deus, e se nutre de Deus, aspirando sempre pelo desconhecido da Verdade, da Bondade, do Amor de Deus. A chama que não progride baixa logo ou perde o fulgor, e começa a declinar, apagando-se ou apenas fumegando. Eu desejaria que tivésseis uma só coisa: o desejo, a fome, a alegria da oração em Nosso Senhor! Que belo foco seria! Ora, o estômago que não se agrada da comida, que não digere, que não tem fome, está doente.

A regra de vida é como o regime físico, deveis observá-lo, porque a vossa alma estará sempre contente quando se tiver nutrido de Deus. Só na oração encontrareis essa paz deliciosa, essa calma, esse repouso, que é muitas vezes mais sensível então do que na própria Comunhão. Na oração, Deus nos alimenta, na Sagrada Comunhão freqüentemente alimentamos a Deus com o pão do sofrimento e o fruto laborioso das virtudes. Eis por que muitas vezes sofremos depois da Sagrada Comunhão.

Meio infalível de santidade

Coragem! entranhai-vos bem na meditação, é a bússola da vida e o alimento da virtude; é a graça da educação da alma pela Graça, pelo próprio Deus; é a senha matinal que vos fará passar bem o dia todo.

Não desanimeis nunca diante deste exercício fundamental, e não vos admireis se o demônio, nosso inimigo, o atacar com violência. Santa Teresa disse que "o demônio considera a alma que persevera na oração como perdida para ele". É nas palavras de Santo Afonso de Ligório, o meio infalível de santidade: "A meditação e o pecado, diz ele, não podem morar juntos".

Decerto, a meditação, em geral, é laboriosa. Semeamos na pena e nas lágrimas, mas os frutos são deliciosos, e coisa estranha, quanto mais for árida, seca, cheia de tentações, mais será fecunda e perfeita. A meditação é um Calvário expiatório e santificante; os pesares que a acompanham tornam-se matéria das maiores virtudes e fonte de Graças preciosas. Quem tem o espírito de oração, tem tudo; é o remédio para todos os males.

Para orar bem

Para orar bem, é preciso fazer oração ao despertar do corpo e da alma, quando tudo em nós está em paz e recolhido. É preciso fazer oração antes de tudo o mais, e algumas pessoas fazem-na mesmo antes da oração vocal, a fim de melhor se aproveitarem do recolhimento da alma.

Determinai-vos, pois, uma hora certa para meditar, seja trinta minutos, seja uma hora inteira, segundo o tempo disponível. Mas não vos permitais, antes da oração, nenhum exercício apto a dividir-vos a atenção. Quando não vos for possível fazer oração pela manhã, substituí-a, no correr do dia, por uma breve leitura espiritual, e a alma não ficará prejudicada, e não perdereis de vista nem a Deus, nem a vossa alma, nem a ordem do dever.

É preciso ainda, para alcançar êxito na oração, fazê-la, tanto quanto possível, num lugar calmo e silencioso; é por isso que os contemplativos procuram as solidões, os antros das rochas; os recantos mais solitários da casa ou da igreja. Então, sentem-se mais próximos de Deus.

Procurai um tema de oração que vos seja caro e que seja a alma de todos os outros. É naturalmente o Amor Divino, mas convém seguir o impulso da atração interior, seja da devoção à Paixão de Jesus, ao Santíssimo Sacramento, seja à santa pobreza, ou ao recolhimento na Presença Divina.

Não vos esqueçais nunca destes dois grandes princípios: Primeiro, que o estado da alma na meditação é efeito da Vontade de Deus, e que, por conseguinte, é preciso meditar conforme as disposições do momento, que se tornam então regra e forma de nossos atos. Segundo, que o êxito sobrenatural da meditação depende unicamente da Graça de Deus, e que, portanto, não a devemos fazer depender de belas reflexões, nem de sentimentos de fervor. Devemos, naturalmente, exercer as faculdades perante Deus; mas condicionadas à sua Graça.

Ide, pois, à oração como o menino pobre, e estareis sempre bem. A oração é, e só deve ser, o exercício humilde e confiante de nossa pobreza espiritual, e quanto mais pobres formos, tanto mais direitos temos à Caridade divina – este pensamento fez a riqueza de muitas almas sofredoras.

"A meditação é o ofício de nossa mendicidade perante Deus", diz Santo Agostinho. Ora, que faz o mendigo e quais são suas virtudes?

A primeira é a humildade. Eis por que permanece à porta e só emprega termos humildes.

A segunda é a paciência. Sabe esperar, sabe aguardar, não se ofende com nada, utilizando-se das humilhações e das repulsas para ser mais eloqüente.

A terceira é o reconhecimento. Abre-lhe todas as portas e acaba por torná-lo estimado e querido.

Sede, pois, uma boa mendiga de Deus, utilizai-vos das distrações, das securas, dos próprios pecados, como de outros tantos títulos à infinita Bondade de Deus.

Resoluções positivas

Na oração, não deveis permanecer no vago. As resoluções devem ser positivas. Tomai, durante quinze dias ou três semanas, um mesmo defeito a combater, uma mesma virtude a praticar. Nem sempre tereis ocasião de exercer a virtude oposta a tal defeito, mas podereis sempre pedi-la a Deus e fazer alguns atos positivos.

Tomai um livro que vos agrade, lendo-o até que uma idéia vos impressione a fim de evitar a indolência espiritual que tolhe o conhecimento próprio.

Ao perceberdes que o espírito divaga e que as faculdades não se exercem, procurai outro tema. Se o estado de vossa alma for normal, fazei uma meditação qualquer tirada da *Imitação*, mas preparada, pelo menos quanto ao capítulo ou versículo.

Se estiverdes passando por um estado extraordinário, escolhei um assunto apropriado; na desolação, por exemplo, o capítulo 21 do primeiro livro; o 9.º, 11.º e 12.º do segundo livro.

Quando sentirdes repugnância pelos sacrifícios, meditai os capítulos que tratam do amor, os três sobre o Céu, ou seja, o 47.º, 48.º e 49.º.

Na dissipação, recorrei o primeiro capítulo do segundo livro e os primeiros do terceiro.

Não convém tratar a alma nesses diversos estados como se trata a um doente, desgostoso de tudo.

A grande resolução que se impõe é fazer, prontamente, e por amor, os sacrifícios de abnegação que Deus nos pedir durante o dia, e logo que no-los indicar.

Então, só nos resta uma coisa a fazer: vigiar atentamente o momento do sacrifício, ou antes, conservar-nos sempre na disposição de dizer a Deus: "Meu coração está pronto, ó meu Deus, para cumprir em tudo com a vossa Santa Vontade". Mas essa vigilância deve ser livre, sem jugo, sem contenção. É a vigília do amor, e o amor não se cansa, vela enquanto dorme, vela enquanto trabalha; toda a sua perfeição está em fazer cada coisa como Deus a quer e no espírito de Deus.

Contemplação deliciosa

Mas para chegar a semelhante oração de vida, é mister labutar muito no esquecimento próprio, não se buscando em nada na oração; é mister sobretudo simplificar o trabalho do espírito pelo olhar simples e calmo das Verdades divinas. Deus, com efeito, só nos atrai a si pela sua Bondade, só nos apega a si por dons suavíssimos de seu Amor. O coração vive de comparações e dá-se ao maior bem conhecido e provado.

Aspirai, pois, na oração a vos alimentar de Deus de preferência, a vos purificar, a vos humilhar; nutrivos, por conseguinte, a alma da Verdade personificada na Bondade de Deus para convosco, de sua Ternura, de seu Amor Pessoal. O segredo da verdadeira oração está em querer ver a ação e o pensamento de Deus em seu Amor para convosco! Então a alma admirada, incitada, exclama: "Quão bom sois, ó meu Deus! Que farei eu por vós? Que vos pode agradar?" É a chama a brotar do foco.

Quando a alma tem a felicidade de descobrir esse bom lado da oração, esta é uma contemplação deliciosa, em que a hora passa rápido.

Conversai com Deus

Ide, pois, a Deus pelo coração, pela expansão do coração, pela conversação íntima da alma, a fim de alcançar essa paz que diz tudo, esse sentimento de Deus que tudo substitui, esse Olhar carinhoso de Deus que tudo anima.

Aprendei a conversar com Jesus e Maria como conversais intimamente com vossa boa mãe. Aprendei a prestar conta minuciosa a Nosso Senhor de vossa alma, de vossa vida. Contai-lhe vossos pensamentos, vossos desejos, vossas tristezas. Falai simples e singelamente com Nosso Senhor, como se fosse outro vós mesmo.

Comportai-vos qual filho amoroso, todo abandonado ao divino Mestre. E, nesse trabalho do amor, não faleis sempre, mas sabei guardar silêncio junto a Jesus, alegrai-vos em vê-lo, em fitar nele os olhos, em ouvi-lo, em saber-vos aos seus pés. A palavra genuína de amor é antes interior que exterior.

Deus não precisa de nossas reflexões nem de nossas palavras para ensinar-nos a amá-lo e dar-nos a sua santa Graça, mas ele quer que façamos tudo quanto estiver ao nosso alcance em Presença de sua soberana Majestade e para provar-lhe a nossa boa vontade. Depois, uma vez quando tivermos esgotado nossa pobreza, ele chega-se a nós e dá-nos sua santa Graça. Na meditação não convém, portanto, refletir muito, mas antes fazer atos de virtude. Se estiverdes, por exemplo, a meditar na Paixão de Nosso Senhor Jesus Cristo, fazei, primeiro, um ato de amor, ao ver tudo quanto esse bom Salvador sofreu por nós, e, depois, um ato de reconhecimento, porque ele nos amou muito e sofreu muito por nós, e porque no-lo deu a conhecer. Fazei, em seguida, um ato de amor ao sofrimento em geral, e de modo particular àquele que vos toca no momento. Pedi, então, a graça e o amor de poder padecer por amor a Deus.

Dirigi-vos à Virgem Santíssima, aos Santos, para que vos impetrem esta Graça, e tomai a resolução de sofrer bem, em silêncio e com toda paciência, tal e tal coisa.

Eis uma excelente meditação.

Ah! que felicidade para nós quando nos é dado descobrir semelhante conversação íntima com Nosso

Senhor! Levamos o nosso tesouro por toda parte. É-nos o centro do coração e da vida. Não há felicidade possível na terra sem Jesus, não há, pois, outro meio senão viver com Jesus, o Esposo, o Pai, a vida de nossa alma.

Pedi a Nossa Senhora esse dom da oração, dom que a todos os dons encerra.

A Santa Vontade de Deus

Existe uma lei magna de santidade, sempre verdadeira, boa e fecunda em obras, é a lei da conformidade à santa e sempre amável Vontade de Deus. A Vontade de Deus antes de tudo, acima de tudo, em tudo e em todos, eis a mais cabal perfeição, à qual todos os outros meios de salvação devem estar sujeitos.

Regozijo-me por saber que encontrastes essa boa veia da graça, da paz e da alegria no Espírito Santo.

Qual filho nos braços da mãe

Firmemos de início um grande princípio:

O de irmos a Deus, aos deveres, ao próximo, animados pelo espírito de amor, de amor à Santa Vontade atual, e porque Deus assim o quer.

Então tudo não passa dum exercício variado dessa mesma Vontade. Essa Vontade divina e amável nos dirige e ficamos livres quanto ao mais.

Teremos, por conseguinte, um só pensamento geral, universal e particular: Deus o quer, Deus não quer mais, Deus não o quer.

O meio de alcançar o espírito desse magno princípio é orar, é meditar alguns dias sobre a sua excelência; é ler tudo o que a isso se relaciona, como o *Tratado da Conformidade à Vontade de Deus*, de Rodriguez, e outros semelhantes; é fazer freqüentes aspirações de amor à Vontade dirigente, concomitante, subseqüente, de todas as nossas ações e de todos os nossos estados.

Ah! como nos sentimos bem por toda parte com essa regra divina da amável Providência! Estamos qual filho nos braços da mãe. Sejamos muito infantis nas Mãos de Deus. Ora a sua Graça impele-nos e então viajamos alegres; ora ele contenta-se em nos dar a mão, e então devemos andar, mas nada custa em companhia de Jesus. Freqüentemente, quando ele nos deixa caminhar a sós, no lodo, no meio do deserto, clamamos pelo bom Mestre. Ele assim fez para ensinar-nos que sozinhos nada podemos. Parece que esse bom Pai vos deixa algumas vezes experimentar a vossa fraqueza, apalpar a vossa miséria. Pois bem, bendizei-o ainda por essa Graça que faz sobressair o Amor que vos tem.

Ah! tende certeza de que Deus vos ama muito e gratuitamente, e tereis de que ter confiança. Ele quer sobretudo que vos convençais de que tudo quanto fazeis só vale aos seus Olhos segundo a abnegação de vossa vontade em cumprir com a sua. Agradeço a tão bom Mestre ter um zelo de Pai pela vossa alma e pela vossa vida.

Dormi em paz, Deus vela

Acreditai no que vos digo: não vos preocupeis com o futuro, não desejeis uma vida mais livre, nem para praticar tranqüilamente o silêncio, o recolhimento exterior, a própria oração. Deixai a Nosso Senhor o cuidado de escolher a forma exterior de vossa vida segundo o seu bel-prazer; considerai todos os acontecimentos pessoais como provindos de seu Coração de Pai, lembrando-vos de que o perfeito amor de Deus ama a Deus em Deus, vai a Deus pela via mais curta, a via do abandono à Santa Vontade do momento. Vede quão boa, quão prudente, quão maternal é essa Providência divina! Abandonai-vos a seus cuidados e deixai-a tudo dirigir, tudo fazer. Dormi em paz, Deus vela por vós e sobre vós.

Mas como custa ao coração morrer a esse *eu*, e viver unicamente de Deus! Para nos ajudar a morrer, Deus transtorna céu e terra, congrega em torno de nós as fraquezas humanas, as distrações, as securas, as desolações, as irritações interiores, e assim desapega-nos de nós mesmos; congrega as criaturas com seus defeitos, suas paixões, suas exigências, suas importunidades, a fim de exercer-nos na prática da doçura, da paciência, e dizer-nos que o centro da paz só se encontra em Deus.

É que Deus é contrariador; quando desejamos rezar, ele nos faz trabalhar naquilo que nos desagrada; quando queremos estar a sós, faz-nos viver no meio de uma sociedade penosa, quiçá profana. Saibamos, pois, dizer-lhe: "Meu Deus, meu amável Pai, a vossa Santa Vontade supre tudo, e em tudo vos hei de bendizer".

Ah! procurai descansar em Deus, aos pés do bom Mestre, no silêncio, na aceitação, na adoração de sua santa e sempre amável Vontade.

Sede sempre alegre no serviço de Deus. Dai sempre tudo a Deus. Repousai tranqüilamente em sua Bondade. Vivei e procedei sempre em sua Caridade, e procedereis sagazmente.

Como a alma está bem quando vela e dorme sob a guarda dessa especial Providência!

O mais belo triunfo do amor

Assim, pois, ver a Deus em tudo, ir a Deus por todas as coisas, abandonar-se inteiramente a seu bel-prazer de cada instante, tal é a regra invariável da alma interior.

Deus, sua Glória, sua Santa Vontade, é toda a vida do cristão.

A única verdadeira felicidade da alma é permanecer na Santa Vontade de Deus, e se esta for cruciante, será o mais belo triunfo do amor. O homem mundano vai ao encontro dos acontecimentos, provoca-os, fá-los servir aos seus desejos. O homem de Deus aguarda o momento da divina Providência, ajuda o impulso da Graça, dedica-se à Vontade integral de Deus, presente e futura, mas com esse abandono filial que deixa todo o cuidado e toda a glória a Deus, seu Pai.

Deus, a Graça e o tempo são as três grandes potências do cristão. Aquele que só quer a Deus e a sua Vontade atual, permanece na paz e no fervor.

Colocai-vos bem nesse centro divino, vivei da Vontade divina; caminhai à claridade dessa luz sempre brilhante. Acreditai que a Providência de amor de Nosso Senhor vos guarda e vos conduz; é a nuvem do deserto para os hebreus. Sabeis que Moisés e Aarão só mudavam a Arca de lugar quando essa nuvem se levantava e ia em sua frente. Entrai no deserto com os olhos fechados.

Como Deus o quer

Nosso bom Pai que está nos Céus tem sempre os Olhos de Amor fitos em nós, e a sua divina Providência prevê e ordena tudo para o nosso maior bem. Segui, pois, o curso dessa divina Providência, caminhai exatamente conforme Deus o quer, à luz do sol que brilha, ou da lua, ou das estrelas, ou às apalpadelas preso ao fio da obediência. É regra segura.

Não vos apegueis aos meios de ir a Deus, mas a Deus só e à Vontade Divina do momento. Deixai-vos volver e revolver, tomar e deixar, consolar e desolar por esse divino Mestre conforme ele quiser, e ponde toda a vossa consolação numa só coisa, no amor à Vontade Divina.

Vede Deus, o pensamento, o bel-prazer, a Vontade Divina em cada coisa. Aproximai-vos tanto quanto possível da Vida íntima de Deus, pela união do coração e pela adesão da vontade a tudo quanto quiser ele de vós e a todo momento.

A vida da alma interior está, de fato, toda nestas duas leis: Deus o quer, Deus não o quer.

Toda a perfeição do amor consiste em fazer cada coisa como Deus a quer e no espírito de Deus.

Deus não precisa de vosso trabalho, mas precisa de vosso coração, de vossos sacrifícios. É o trabalho de cada dia. Vós o glorificais às vezes nada fazendo, ou antes fazendo aquilo que ele quer. Coragem, deixai-vos levar pelo bom Mestre qual filho sem vontade, sem outro amor que o seu amor, que tudo suaviza.

Procurai não ter olhos, nem ouvidos, nem gosto, nem desejo algum senão a Santa Vontade de Deus, conforme se apresenta no momento. Segurai a mão de Nosso Senhor e dizei-lhe: "Conduzi-me aonde quiserdes".

Que felicidade para nós só pensarmos, só desejarmos, só querermos uma única coisa: a Vontade de Deus! Meditai muitas vezes sobre este ponto. É a mina de ouro da caridade. É o jorro de água do amor que dá e do amor que recebe.

Só vós, Senhor, sois Bom

Não vos demoreis, em seguida, na consideração do que vem só do homem, só da humanidade. Esquecei a pobre miséria humana, suas palavras, suas intenções, suas ações naturais, nada disso vale um fio de cabelo na balança da divina Providência. Vede em tudo o que Deus quer de vós, os atos de virtude que suscita do concurso de suas criaturas livres e de sua Graça.

O mundo é deveras injusto. Sempre o foi, mesmo para com o seu Criador e Salvador. Não concede seus favores aos bons serviços, às qualidades morais, à dedicação cristã. Como é consolador, nos momentos de injustiça e de ingratidão, erguer os olhos ao Céu e dizer: "Meu Pai, seja feita a vossa Santa Vontade! Foi para nosso maior bem que isso se deu. Foi para nos mostrar que só vós sois Bom!" Nem sempre discernimos a razão divina dos acontecimentos, mas devemos adorar o mistério da divina Providência e tudo nos será pago com usura.

O amor à Santíssima Vontade de Jesus vale mais que todos os dons, que todos os bens de nossa vontade.

A regra soberana da vida

A Santa Vontade atual de Deus, assinalada pela necessidade ou pela conveniência de estado em relação ao próximo, é a maior das Graças. É a mais valiosa de todas as obras de zelo, mais valiosa até do que a Sagrada Comunhão, porque é a santidade para nós. Deve, pois, ser-nos a regra soberana da vida. Considerai as necessidades de posição e de vida como leis atuais da Vontade Divina, e as exigências dos deveres e as conveniências de posição como indícios de sua Santa Vontade.

Abandonai-vos inteiramente à sua Providência divina e amável. Deixai-vos conduzir pelos acontecimentos, pelas leis das obrigações de estado e do dever, mas sobretudo deixai-vos guiar pelo Sopro da Graça. Vossa alma, qual vela de um navio, desfralde-se à mercê desse sopro celestial, observando-o, a fim de seguir-lhe o impulso.

Deixai-vos guiar por Nosso Senhor, como a criança, sem outro desejo que o do seu bel-prazer, ciente de que só deveis seguir a Nosso Senhor, que anda sempre à vossa frente; a vós cabe unicamente pôr o pé na pisada divina.

Apegar-se somente a Deus

Não deveis vos apegar nem ao local, nem ao país, nem a nada de exterior, nem à vossa pessoa, nem às Graças do momento. Tudo passa. Só deveis apegar-vos a Deus, à sua Vontade atual, porque Deus, amando-vos infinitamente, só quer vosso maior bem, em tudo e por tudo. Então, todos os acontecimentos, com exceção do pecado, vêm do Alto, e todas as modificações da vida são ditadas pelo Alto. O sopro da Santa Vontade de Deus é sempre propício à vela da nossa navezinha, mas é preciso conservá-la *desfraldada e firme*, os olhos fitos em Jesus Cristo, que vai na frente. Deixai a Deus o cuidado de dirigir a nave a essa ou àquela margem. Quanto a vós, só tendes um dever, o de remar sob as ordens divinas.

Mas procurai sobretudo:

– a calma, em qualquer acontecimento;
– a indiferença por tudo o que não for Vontade de Deus;
– a condescendência e gentileza para com o próximo, a começar pela família;
– a liberdade, em se tratando do dever e da caridade;
– ser todo para todos quando Deus assim o quiser;
– só de Deus e todo de Deus só, segundo a lei do amor.

Nessa Vontade Divina, atual e pessoal, está a Graça especial que nos santifica, e essa Graça especial está presa a cada hora, a cada ato; passada a hora, o tempo da ação, a Graça está finda.

Quão bela e fácil é semelhante regra de amor! Contentai-vos com a Santa Vontade de Deus do momento. Apegai-vos a tudo e a nada: a tudo quanto Deus quiser, e a nada, logo que Deus não o quiser mais.

Dai-vos a todos e a tudo segundo o bel-prazer divino.

Vivei dia a dia; digo mais, momento a momento.

Dai tudo para obter tudo, e isso inteiro e em retalhos.

Renunciar à própria vontade

Nunca estamos mais certos de cumprir com a Santa Vontade de Deus do que quando não fazemos a nossa.

Nunca estamos mais livres, mais tranqüilos do que no abandono filial a essa tão amável Vontade de Deus. Alegrai-vos, pois, quando, à noitinha, podeis dizer a Deus: "Meu Deus, hoje renunciei o dia todo à minha própria vontade".

Lembrai-vos sempre de que a alma interior nunca deve sair inteiramente de si, mas ter sempre o olhar fito em Deus presente e no seu dever; deve conversar interiormente com o seu bom Mestre, encontrando a Deus no meio das criaturas e do mundo.

Assim sendo, estareis sempre contente de Deus e de todos, nas missões divinas que exercerem para convosco, nunca, porém, de vós mesmo. Estareis sempre alegre, porque Deus se encarregará de vossos negócios melhor do que vós.

Estareis sempre livre, e quando Deus modificar vosso trabalho, aceitá-lo-eis com prazer, porque o seu bel-prazer é o vosso.

O que me agrada pedir a Deus para vós é essa fidelidade invariável no amor à sua santa e sempre amável Vontade; que a consolação ou a desolação, a alegria ou o pesar, a presença ou a ausência das criaturas, não altere o interior da alma, que colocareis acima das regiões dos temporais e das variações atmosféricas, e que tudo, pelo contrário, produza em vós apenas mudança de exercício, de ação, enquanto a vontade permanece unida à Santa Vontade de Deus. Ditosa da alma que vive dessa vida divina! É-lhe dado compreender então as palavras ardentes de São Paulo: "Que me há de separar do amor de Jesus Cristo? – Nada!"

O fruto dessa conformidade divina será primeiro a paciência, a igualdade de ânimo exterior, e depois a paz interior, a força e a generosidade na ação. Uma alma que quer viver de Deus consulta, antes do mais, a Santa Vontade, receando consultar o coração, a própria razão, de que desconfia; para ela a Vontade de Deus conhecida constitui-lhe a lei suprema, é sua lei invariável, e sua primeira ciência.

Ai de nós se não tivéssemos essa consolação em nosso exílio! Quão desgraçados seríamos! A vida não passaria duma agonia sem esperança! Mas quando podemos dizer: "Faço a Santa Vontade de Deus, tenho certeza de ser-lhe agradável, de glorificá-lo na minha posição atual", então não desejamos mais senão ser fiéis a tal Graça, que para nós é centro, regra, consolação, universo.

Seja a Santa Vontade de Amor de Deus assim e sempre e amavelmente cumprida em vós! Seja qual for a graça, a virtude, o estado, contanto que lhe agrade, pois Deus visa sempre ao vosso melhor bem. Seja o *sim* do coração a resposta a tudo. Lembrai-vos de que um ato de abandono vale mil atos espontâneos de virtude.

Resposta a uma dificuldade

É fácil, alegais, discernir a Vontade de Deus nos deveres de estado, mas é difícil saber discernir as inspirações relativas a coisas não obrigatórias, como sejam: renunciar a um prazer lícito, fazer uma mortificação qualquer, e mais ainda.

Passo a responder:

1.º - Segui as inspirações de conselho, que se fazem acompanhar da paz e da atração da Graça: Deus vo-lo pede ao vosso coração generoso.

Rejeitai aquelas que estão em antagonismo com outros deveres, que colocam a alma na tristeza da inquietação, da perturbação, deixando-a no vago, sem saber se Deus a isso quer ou não quer; é uma falsa luz.

2.º - Sede mais generosa nas mortificações de sensualidade, quando vos ocorrer previamente, mas deixai-as uma vez começado o ato. Já é tarde. Não passa então de escrúpulo de piedade, ou de uma consciência perplexa.

3.º - Desprezai todo receio em relação a uma vida demasiadamente perfeita, que provém do fato de que vos coloqueis na mortificação, no meio, e não na liberdade da vida em Deus, no magno princípio de vida.

Fomentar a vida interior

Confesso que, se não cuidássemos de alimentar e fomentar a vida interior, em breve estaríamos exaustos, fracos, cambaleantes. A vegetação da terra carece da noite, e o homem, do sono. Adormecei amiúde no Coração de Jesus, como São João. Que belas coisas aprendemos nesse sono suave do silêncio interior da alma em Jesus! Que despertar corajoso em seguida!

Mas alegais muita dissipação, e não poder concentrar-vos, porquanto a atividade vos leva sempre a exteriorizar-vos.

Acredito que seja verdade. Então que fazer? Nada.

Trair docemente a imaginação, a atividade de espírito, a irritação de coração, e entregá-las, uma após outra, a Nosso Senhor; pescá-las nas redes de sua Santa Vontade. E quanto menor a violência, o ruído, a comoção, tanto melhor será. Fazer como os pescadores, e então a pesca será milagrosa.

O Céu na terra

Imitai o Anjo Rafael em vossas relações com o próximo. Ele deixa o Céu, o lugar de destaque que ocupa junto ao Trono de Deus, e baixa a esta terra de miséria, revestindo uma aparência de vida, pobre, humilde, servil, junto ao jovem Tobias, a quem serve como se fosse seu amo; nunca aparenta pressa em coisa alguma, tudo faz com calma e liberdade de coração. E por quê? Porque Deus o quer, e por isso o enviou, e o Anjo acha-se mais feliz nessa missão do que se estivesse no Céu a fazer sua própria vontade (se lhe fosse possível). Mas notai que, embora levando vida humana, alimenta-se sempre de sua comida invisível e divina, alimenta-se da Vista de Deus, do cumprimento de Sua Santa Vontade. E isso constitui-lhe o Céu na terra.

Seja assim também convosco. Sede qual jornaleira que faz tudo quanto lhe pedem, sem se afligir com o que lhe cabe fazer amanhã. Conservai a alma junto a Jesus no Santíssimo Sacramento, depois entregai-vos a todos e a tudo com paz e liberdade: Seja sempre o espírito como o sol, belo e bom; o coração livre como o ar; e Deus em vós, a vontade tendo por única escolha a Vontade de Deus atual amando tudo quanto Deus ama, indiferente a tudo que não se dirige a Deus, desprezando tudo o que lhe seja contrário.

Seja sempre o divino Mestre vosso chefe; seja sua santa Lei, vossa lei soberana; seu santo Amor, o fogo de todo amor.

Numa palavra, vivei do positivo da Verdade, da Graça, da Bondade divina, e finalmente do Amor que dá e recebe com amor.

Confiança e abandono

Deus ama-nos pessoalmente com um grande Amor de Benevolência, com um Amor infinito e eterno.

O Amor de Benevolência consiste em querer pura e exclusivamente o bem, e o melhor bem, da pessoa amada.

Em Deus, o Amor de Benevolência é pessoal. Deus ama tal pessoa, ama cada um de nós, como se estivéssemos sós no mundo, porque o seu Amor é um e infinito.

Salários do amor divino

Todos os Atributos de Deus estão à disposição do Amor de Benevolência que nos tem, a fim de nos santificar em seu Amor e em sua Graça, e poder comunicar-nos, na eternidade, sua Felicidade e Glória, porque o amor pede união, e a união, fim e triunfo do amor, constitui sociedade de bens e de vida. O amor não quer ser feliz a sós.

Os grandes Atributos de Deus, que estão à disposição do Amor de Benevolência que ele tem à alma, são os seguintes:

A Sabedoria divina, que escolhe aquilo que melhor convém ao bem e ao estado atual da alma querida; a Prudência divina, que aplica esses meios de santificação; o Poder divino, que nos ajuda, nos sustenta, nos defende; a Misericórdia divina, que dispõe sempre dum coração de mãe para nos perdoar, nos levantar, pois a criança tem dois inimigos, isto é, dois títulos à misericórdia: sua fraqueza e leviandade, sua tolice e presunção; a Providência divina, que combina todos os acontecimentos de tempo, de circunstâncias, em torno dessa alma querida, como sendo o centro do movimento celeste e terrestre, a fim de que tudo lhe sirva para o seu fim sobrenatural.

É por isso que certas criaturas nos exercem a virtude e nos fazem sofrer, a fim de nos lembrar que estamos no exílio, no tempo de expiação, de amor crucificado com Jesus Cristo, nosso bom Salvador. Outras nos mostram o caminho durante algum tempo, e depois desaparecem, porque Deus substitui o Anjo Rafael, Moisés, Josué. Outras são um espelho onde vemos refletidas nossa miséria (pelo menos possível) em relação ao mal e às más disposições de Adão. Outras são um livro de vida santa. Outras, pobres de Deus. Diz a *Imitação* que "não há criatura tão pequena e tão vil que não represente neste mundo a Bondade de Deus". Não nos manifestam os próprios pecadores a Bondade de Deus, que lhes faz o bem até material, que os convida, os aguarda, pronto a perdoar?

É a Providência divina que não somente nos coloca no caminho as criaturas que nos devem fazer exercer algum ato de virtude, como também determina, em sua Bondade Divina para com a alma, o estado do corpo, padecente ou são, porque é o regime indicado para o dia, a fim de glorificar a Deus deste ou daquele modo; é o boletim cotidiano assinado pela Providência divina.

Os estados naturais da alma, em se tratando das Graças que Deus dá e das obras que vai pedir, são também regidos por essa amável Providência, que ora dá mais vida ao espírito, ora ao coração, mas sempre à vontade, porque é a dona de casa, a serva de Deus.

Os estados espirituais da alma são sobretudo objeto da direção da divina Providência, porque são a verdadeira condição de santificação.

Lei do dever

Daí se segue a grande lei de vida: devemos caminhar na direção do Sopro da Graça, devemos honrar a Deus pelos estados naturais e sobrenaturais e servir-nos de tudo quanto a divina Providência nos oferece à passagem; devemos ver em tudo essa santa e amável Vontade em torno de nós e em nós, obrando sob sua direção, consultando sua inspiração, oferecendo-lhe a primeira intenção em tudo, prestando-lhe homenagem em qualquer imprevisto, em qualquer encontro, reconhecendo-a por toda a parte, supondo-a quando não a vemos nem ouvimos, pois gosta de se velar, gosta da obediência da fé e do amor de dedicação.

A conclusão segue-se:

O melhor estado para glorificar a Deus é o meu estado presente.

A melhor graça é a Graça do momento.

A lei do dever é aquela que o amor inspira e que o amor cumpre.

Guardai bem esta definição – é de Nosso Senhor discursando depois da Ceia: "Amo a meu Pai, cumpro a sua Vontade e permaneço em seu Amor".

Ah! permanecei no Amor de Deus, ou antes permanecei em sua Bondade, pois querer permanecer no amor, suscitaria inúmeras tentações. Amo-o eu? Ama-me ele?

Permanecei, pois, na casa da Bondade divina e paterna de Deus qual criança que nada sabe, nada faz, tudo estraga, mas vive nessa doce Bondade.

Dai a mão a Deus

Aplicai-vos a ver em vós, em torno de vós, dentro de vós, essa Vontade de Amor de Deus, que se ocupa de vós como se mais ninguém houvesse neste mundo. Adorai as razões de sua Providência divina, sempre sábia e amável. Ide a Nosso Senhor sem corpo, sem alma – deixai tudo isso na entrada, como servos – e conservai-vos sempre unida pela vontade a seu Amor. Caminhai simplesmente, passo a passo, vossa mão na de Deus, qual cega, comendo o pão que ele vos der, qual verdadeira mendiga, vivendo de sua Graça atual, e encontrareis sempre boa pousada, boa família, boa mesa preparada pela divina Providência.

Recebei sempre com alegria e amor os bens de Deus. Notai de preferência sua Bondade, e não vossa malícia, suas Graças, e não vossos pecados, seus Benefícios, e não vossos pesares, sua Força, e não vossa fraqueza, seu Amor, e não vossa tibieza. Então, apegar-vos-eis pelo coração e pela vida a essa Bondade amável e incessante.

Vivei de gratidão, como o pobre. Esquecei vossas misérias, vossos próprios pecados, para viver um pouco como no Céu, onde há louvor e agradecimentos; onde o amor pela Santíssima Trindade é sempre novo e mais perfeito; onde os pecados são vistos somente por meio da Misericórdia de Deus, as obras por meio da sua Graça, onde a felicidade é qual raio de Beatitude Divina.

Importa servir a Nosso Senhor com alegria. Haverá algo de comparável a servi-lo com amor? E o amor produz alegria, dedicação. E nada é mais justo. Considerai sempre, por conseguinte, as inefáveis Bondades de Deus para convosco, sua Mão tão paternal, tão previdente, tão amável, até nos menores sacrifícios que vos pede. Vede a todas as coisas através do prisma divino, e tudo lhe revestirá o belo colorido! Lembrai-vos de que a tristeza natural mata corpo e espírito, e a tristeza espiritual, coração e piedade. Bem sei que há uma boa tristeza, mas nem eu a esta desejo. Prefiro ver-vos descansando no Coração de Jesus com São João, do que aos seus pés com Madalena.

Paz na confiança em Deus

Conservai, por favor, o coração e o espírito sempre ao alto, junto ao vosso bom Pai e Salvador. Quem voa não olha para os pés.

Nem sempre podemos ser felizes pelo sentimento; podemos, todavia, sê-lo pela vontade unida à de Deus.

Não descanseis, quanto ao estado da alma, nos frutos do serviço prestado a Deus, menos ainda no sentimento do bem, porque tudo isso varia muito, e não constitui a verdade. Deveis estabelecer a vossa paz – atenção – na confiança em Deus, porque Deus é Bom e vos quer bem como a um filho.

Firmai, pois, a confiança de vida na sua Providência que vela a todo instante sobre vós. Tudo visa, em Nome de Deus, cumprir uma missão de salvação junto a vós. Recebei, por conseguinte, todas as coisas como enviadas celestiais.

Firmai a confiança de vida na santa e amável Vontade de Deus, porque aquilo que Deus quer é sempre o mais conveniente para vós e o mais glorioso para ele.

Servi, pois, a Deus, em todos os estados de alma, e de corpo, em todos os deveres, com fidelidade sempre igual. Trabalhai no dia, e só para Deus. Cantai sem cessar o cântico do amor, já que Deus vos ama tanto, e vós não aspirais senão a amá-lo cada vez mais.

Firmai sobretudo a confiança no Amor que Deus vos tem, Amor tão grande, tão constante, tão paternal.

Entregai-vos a Deus de momento em momento

O santo abandono ao Amor de Deus produz na alma efeito igual ao amor do filho pela mãe, que o carrega e dele cuida. A criança dorme em paz no meio dos maiores perigos, porque nada tem a recear. Procedei da mesma forma. Tende sempre essa confiança infantil em nosso bom Pai que está no Céu; entregai-vos a ele de momento em momento e dependei dele em todas as coisas. Deus não tem nem passado nem futuro, ele é sempre. Pois bem! Permanecei em seu Ser de Amor, em sua divina Providência atual, e confiai-lhe o futuro e o passado. Deixai-vos levar pela Bondade Divina, qual criança de um ano.

Sede indiferente a todas as coisas, amai só aquelas que Deus ama, e procurai só aquelas que são do seu belprazer. Quem dorme no regaço da divina Providência, dorme um sono tranqüilo, e quem é levado nas asas dessa amável Providência, faz feliz viagem.

Confiai-vos a Nosso Senhor e à sua Providência toda paternal. Nada há de faltar, mormente na vida espiritual, a quem estiver bem unido ao vosso divino Esposo. Ao esposo cabe sustentar, defender e aperfeiçoar a esposa e dela cuidar.

Sob os raios do Amor Divino

Não vos afasteis nunca de Jesus, o bom Jesus de vosso coração. Seja qual for o tempo, sede sempre dele, pois o tempo é sempre belo para a alma que vive sob os raios do Amor Divino.

E, afinal, que importa se agradamos a Nosso Senhor na doença ou na saúde, num estado de sensibilidade ou de fervor, de submissão ou de práticas piedosas, conquanto lhe agrade o que fazemos. O essencial é firmar-nos na confiança em Deus, nutrir-nos de sua Verdade, dedicar-nos à sua Glória pelo nosso amor soberano, amando-o por toda parte e acima de tudo.

Observai bem esta lei do Amor Divino, de não querer senão o que Deus quer, como o quer e quando o quer. O santo abandono é o mais puro, é o maior amor.

Seja o amor a alma e o fundo de tudo, e quando dominar este sentimento, deixai a tudo o mais. Os meios são inúteis a quem já alcançou o fim.

Mas não deveis ignorar que o Amor Divino é insaciável como o fogo, e está sempre a pedir, fazendo sofrer enquanto consome tudo o que lhe é estranho.

Deixai-vos levar pelo bom Mestre

Guardai em paz a alma, a fim de atender aos impulsos interiores do Espírito Santo e ser-lhes fiel.

E conservareis a alma em paz, colocando-a incessantemente num estado generoso de tudo sofrer, de tudo deixar para cuidar de outra coisa, numa palavra, de contrariar a própria vontade, quando a Vontade de Deus vo-lo pedir.

É a nossa miserável vontade que nos irrita e nos contraria quando quer com demasiada energia, ou então é um sentimento de independência que teme demais o jugo santo da Cruz.

Deixai-vos levar pelo Sopro da Graça do momento; a vela obediente só a essa brisa pode receber, pois todas as outras, se não vierem do alto, agitam-na.

A Graça diz sempre paz e sacrifício, amor e zelo, dom e felicidade. Deixai-vos levar pelo bom Mestre, que vos leva aonde quer e pelo caminho que lhe agrada. É, aliás, sempre o melhor, embora o resultado não seja sempre patente.

Guardai sempre o coração unido ao Coração divino de Nosso Senhor, a fim de que seu Amor se vos torne a vida, o princípio das ações, o centro do repouso.

Ide com alegria por toda parte quando Deus o quiser, pois em toda parte está o Tabernáculo, o Céu, Deus, nosso Amor.

Sempre atenta à Vontade Divina

Nosso Senhor saudava os Apóstolos com as seguintes palavras: "A paz esteja convosco". Desejo-vos sinceramente essa paz, paz de confiança que se abandona filialmente a Deus e se confia tanto à sua Bondade como à sua Misericórdia.

Essa paz de consciência repousa primeiro na humildade, para suportar a própria miséria, e depois na simplicidade da obediência, para obrar no espírito de Fé.

Não alcançareis essa paz de coração nem pela perturbação, nem pela inquietação, mas pelo abandono à sua divina Bondade e Misericórdia.

Ide ao encontro do bom Mestre, como a criança despida de mérito e de força vai ao coração da mãe. Um ato de submissão e de abandono é superior a tudo quanto vos fosse possível fazer e vosso lugar querido deve ser junto ao divino Mestre, para vê-lo, ouvi-lo e sentir-vos perto dele.

Vivei de Deus, de Nosso Senhor Eucarístico. De outro modo não podereis tornar-vos uma vítima de amor habitual. Observai com diligência a marcha da divina Providência em relação a vós. Deus faz tudo, organiza tudo, prevê tudo para vos levar a si. Não cuideis, pois, nem do passado, nem do futuro, mas do presente, atenta à Vontade Divina do nosso bom Mestre, e ele vos levará pela mão através de todas as dificuldades, até a graça e à perfeição do seu Amor.

Lembrai-vos de que a água do riacho, do rio, aproxima-se do mar da eternidade. Nossa barquinha segue-lhe o curso, arvorando a bandeira celeste.

Renúncia a si mesmo

Todo o segredo da vida religiosa, e até da vida cristã, está neste pensamento: mortificação soberana pelo dever em primeiro lugar. É tudo. É a raiz da árvore, a seiva das virtudes e do verdadeiro amor a Deus.

Sem mortificação não há virtude

É princípio básico que sem mortificação não há virtude; sem espírito de mortificação não há progresso possível. Só chegamos à vida espiritual pela morte. A lenha que se torna carvão ardente deve sofrer, despojar-se de todo elemento estranho.

De fato, sem mortificação não haverá homens religiosos em verdade. Essas piedades de água de rosas, que descansam em sentimentos de alegria e de felicidade, assemelham-se a viagens em carros de luxo.

Não lhes tenho a menor fé nem confiança. É mister, pois, formar primeiro homens de virtude, isto é, de sacrifício. Afinal, Nosso Senhor estabeleceu as bases da perfeição evangélica: *"Abneget semetipsum"*. Quem ama a liberdade, os confortos, a saudezinha, os pequenos privilégios, não pratica o *abneget*, e sim o amor de si mesmo.

Como chegar ao Amor Divino

Se não há virtude sem mortificação, ainda menos haverá amor de Deus. A renúncia a si mesmo é a condição essencial, fundamental para amar a Deus. Vamos ao Amor Divino pela pureza do sacrifício do coração e da vontade; progredimos nesse santo Amor pela suave abnegação da vida e pela dependência contínua à sua Vontade sempre amável.

Nosso Senhor quer reinar em vós, por esse jugo contínuo da renúncia e quer que a piedade, as virtudes, o amor revistam em vós esse caráter universal. Bendizei-lhe por esse caminho, caminho rico, que abrevia a marcha do deserto e oferece menos perigos. Deus é e deve ser para vós o sol de cada dia. Todos os dias levanta-se para vós, embora nem sempre do mesmo modo. Deveis amar sempre esse Sol divino de justiça e de amor, quer surja radiante, quer apareça velado por entre os ardores do verão, ou sujeito às influências dos gelos invernais. É sempre o mesmo Sol.

Tratai, por conseguinte, de não viver de esmolas de pessoas, de diretores, de livros, de imagens, nem mesmo de belos cânticos. Tudo isso é tão pobre em si, e se esgota rapidamente; mas vivei *de Nosso Senhor, em Nosso Senhor, e por Nosso Senhor*: "Quem permanece em mim e eu nele, fará grandes coisas", disse ele.

Permanecei, pois, em Nosso Senhor. Mas como? – perguntais. *Deixando-vos a vós mesmo.*

Amai ternamente o divino Mestre e sofrei por amor a ele. Labutai nessa abnegação heróica da vontade, crente de que tudo quanto é feito com suave abnegação é infinitamente mais agradável a Deus do que qualquer outra ação, aparentemente mais perfeita. Lembrai-vos sempre de que as maiores Graças de Nosso Senhor, para a santificação da alma, encerram-se nas ocasiões de abnegação da própria vontade à Vontade de Deus, ou de outrem; e quando puderdes dizer: Eu renunciei a mim mesmo, Nosso Senhor vos responderá: Fizeste, meu filho, um ato de perfeito amor.

Total esquecimento de si mesmo

Deixar-se, esquecer-se, renunciar-se, perder-se a si mesmo, é, ai de nós! muito difícil. Nossa mísera natureza, caindo nas mãos de Jesus, está sempre a recear, e quer se agarrar aos abrolhos que se lhe deparam no caminho ou caem sob suas mãos.

Mas Nosso Senhor não se contenta com um dom pela metade. Ele quer o esquecimento total, o abandono absoluto de vós mesmo. Ele vos quer numa vida de abnegação e de pobreza espiritual, mas também de pleno abandono nas Mãos divinas, qual criança pequena. Todas as provações que vos tocam diariamente são asas que vos envia para ajudar-vos a despojar o velho homem e vos entregar, em todo o vosso nada, a Jesus. Deixai-vos despojar, tudo arrancar, para poder pertencer inteiramente a Deus.

Guardai este grande segredo da vida espiritual que vos confio: Cortai a febre interior pelo esquecimento de vós mesmo e ainda mais dos outros; ocupai-vos de Nosso Senhor e procurai agradar-lhe ao Coração por todos os atrativos de suas Graças, por todas as jóias de seus Méritos, bem como os da Santíssima Virgem e dos Santos.

Deus é bom jardineiro

Quanto à prática, esta renúncia encontra-se sobretudo na submissão à Vontade Divina pelo cumprimento exato dos deveres de estado e pelo sacrifício dos gostos pessoais em favor do próximo.

É bom, naturalmente, e já é perfeito, não ofender mais a Deus. Mas deixar Deus operar em vós é melhor. Ele sabe isolar, podar, cortar, enxertar, cultivar e regar – é, portanto, ótimo jardineiro. Nosso Senhor, quando quer enriquecer a alma, estabelece em torno dela o vácuo. Quer reinar a sós, e, para esse fim, dirige todas as setas. Deixai-vos ferir por elas; à vida segue-se a morte; o amor penetra pelo sofrimento. Mas notai bem o que vos digo: deixai-vos ferir, isto é, deixai Deus fazer o que entender, volver-vos e revolver-vos, falar ou calar-se, visitar-vos ou esconder-se, provar-vos pelas suas criaturas ou por ele mesmo. Que importa, conquanto possais amar e ser amada pelo doce Salvador?

Habituai-vos a ver passar o mundo como as gotas de um riacho; deixai-as correr, murmurando, agitando-se, entrechocando-se. Quanto a vós, descansai aos pés de Nosso Senhor, e se as criaturas vierem a faltar-vos ou a provar-vos, ouvi a Deus, que vos diz: "Eu te basto!" Não há estado mais feliz que o da pessoa que só almeja agradar a Deus, só ter a estima e a proteção de Deus, e a do próximo como e enquanto Deus o quiser. Então, nem ventos, nem tempestades humanas a perturbarão, porque Deus é o seu tudo.

A lenha do fogo divino

Quando Deus está contente, estejamos nós também contentes! Quando Deus nos ama, que nos importa o resto! Quando Deus está por nós, por que nos inquietar, nos entristecer com o que está contra nós? Nesse centro divino do Coração de Jesus, por que temer os temporais de fora? Se Jesus parece dormir, nem assim devemos recear, mas fiquemos a velar aos seus pés e descansemos tranqüilos. A calma e a bonança só se encontram nessa morada divina, a verdadeira virtude é aquela que nos faz viver de Jesus, o puro amor é o da abnegação.

Aproximai-vos sempre de Nosso Senhor com inteira simplicidade de espírito e santo abandono, vendo só duas coisas: de um lado, vossa miséria, do outro, sua Bondade, o Amor que vos tem; mas trabalhai forte e constantemente no sacrifício da própria vontade por amor de Deus, pois é esta a lenha do fogo divino.

Mortificai esse amor-próprio, que está sempre a renascer.

Se o mundo vos ignorar, se vos esquecer, bendizei a Deus; haveis então de amá-lo com maior pureza – assim faziam e suspiravam os Santos.

Estrada real

Na meditação, tendei sempre ao amor de Nosso Senhor pela imolação própria: a Graça do amor vai sempre destruindo o amor-próprio imolando a própria vontade.

Que fazer senão deixá-lo operar conforme quer? Nosso divino Salvador gosta de tudo transtornar nesse templo de seu amor, que é o nosso coração, e tomar o chicote para afugentar tudo o que não é ele.

Coragem! Sede de Deus pelo sacrifício; é o caminho mais curto, mais perfeito, é a estrada real.

Guardai bem o coração, é a cidadela, o centro de união divina.

Sede boa para com vosso próximo, não, porém, para ganhar-lhe a estima e amizade – seria um adultério espiritual.

Dai a mão a Deus na estrada da vida e ide diretamente ao dever e à virtude.

Amor do próximo

Agrada-me ver que sabeis deixar a Deus pelo próximo, de bom grado e sem escrúpulos. Nisto consiste o verdadeiro amor de Deus, amor que só ama uma coisa, sua Santa Vontade, que só procura uma coisa, o bel-prazer divino. Continuai assim, e exercei-vos sempre na paciência, na doçura, na tolerância, na igualdade de ânimo, numa palavra, na caridade. Ser boa, amável e graciosa nos pequenos sacrifícios é a flor do Amor Divino.

Amareis sempre esse bom Mestre e o fareis amar no meio das dificuldades e misérias, e deixareis que vos roubem o tempo, as ocupações, os gostos, e tudo isso de bom grado, e por todos. O coração, porém, estará com Jesus, e com a abnegação de seu amor.

Coragem! Vivei de Nosso Senhor, em Nosso Senhor, por Nosso Senhor. Abandonai-vos cabalmente ao gládio de seu Amor: ninguém vive melhor e mais fortemente que na morte do amor.

A genuína felicidade consiste nisto. Dessa morte a si mesmo jorra a verdadeira vida, calma e serena já nesta terra, enquanto aguarda a Bem-aventurança eterna.

Tudo por Deus

Há um princípio, grande, universal e eterno, que é preciso ter sempre diante dos olhos e diante de Deus: é ser todo de Deus e todo a Deus; saber ser todo a Deus como fim, todo à Vontade atual de Deus como meio.

Deveis ser toda de Jesus, como a virgem de seu Coração, a serva de seu Sacramento, a apóstola de seu Amor.

Deveis pertencer a Jesus na liberdade dos meios, na unidade de fim.

Deveis ser de Jesus, como os Anjos do Céu, no júbilo, na alegria de seu serviço, na simplicidade do dom irrevogável, que não se toma em consideração, ou raramente. A chama que sai do fogo a ele não torna, mas, impelida por outra, está sempre a subir; não lhe sobra nem tempo nem movimento para voltar atrás.

Deus só basta à alma. Em possuí-lo estão todos os bens, em amá-lo todos os prazeres, em servi-lo toda a glória. Nada pode suprir a Deus, que tudo supre divinamente. Podemos privar-nos de tudo, exceto de Deus. A riqueza soberana está em visar, em tender a ter sempre menos, até chegar ao nada de Jesus Cristo. Só a ele devemos agradar, só a ele dar-nos; quanto aos homens, não passam de espinhos.

Para ser todo de Deus

Guardai bem estas três regras de conduta que vos dito:

A primeira é fazer tudo para agradar a Deus. Seja essa a vossa intenção geral e particular nas ações. Esta regra vale antes como sentimento do que como pensamento atual, alia-se a tudo e deixa-vos na vossa simplicidade de ação. A intenção geral basta; quando, todavia, surgir algo de mais penoso a cumprir, um sacrifício que custa, então a intenção particular faz muito bem à alma. Agradar a Deus é amar o que ele ama, querer o que ele quer, e também rejeitar todo o mal.

A segunda regra é entregar-se a tudo com espírito de simplicidade, isto é, fazer todas as coisas com espírito de liberdade interior, preso a tal só à medida que Deus o quiser enquanto o quiser; com espírito de paz, fazendo todas as coisas com ordem, uma após outra, com moderação, com paciência; trabalhando para fazer tudo bem, e não para ver-se livre. Tomai por modelo a criancinha que faz tudo por obediência e não se apega a nada.

A terceira regra é viver um pouco mais em Deus, como centro, e então nada vos há de estorvar, nem dissipar. Acompanhar-vos-á o sentimento da Presença de Deus, que tudo vivifica e tudo vê, dirigindo a alma em suas veredas.

Que o coração seja sempre todo de Deus, pela pureza de intenção, pelo afeto ao seu Amor, pela confiança em sua Divina Misericórdia. Fazei amiúde aspirações de amor ao divino Mestre. Essas aspirações são para a alma o que a respiração é para o coração, são-lhe vida. É preciso chegar ao ponto em que só Jesus vos baste. Ditosa direção a de Jesus! Mas é mister então encerrar-se em seu divino Coração, para aí ser moído, impregnado de seu espírito e cinzelado pelas suas Mãos divinas.

Sem reserva nem divisão

Ah! sede toda de Nosso Senhor, como ele é todo vosso. Não haja reserva alguma no dom, divisão alguma no coração, centro algum, senão a sua adorável e sempre amável Vontade.

Pode, quem conhece bem a Jesus, comparar-lhe algo? Pode, quem degustou as delícias de seu Amor, viver sem ele? Nunca! Seria demasiada desgraça. Que felicidade para vós poder ser toda desse bom Mestre e querer estar sempre com ele! Tal escolha é superior a todas as coroas e às mais belas posições no mundo. Rico é aquele de quem é todo o bem.

Sede como a criança que sente, ama e agradece. Deus pensa por vós.

Sede como a pomba pura e alva, que só repousa na arca santa e cujo único cântico, único suspiro, é o cântico e o suspiro de amor.

Não vos mireis no espelho do amor-próprio, assustar-vos-íeis. Nem no das criaturas, teríeis medo; nem na balança do mérito, pois a pobreza levaria vantagem; nem nas falsas luzes das palavras humanas; mas contemplai-vos no Coração tão terno de Jesus, através da sua Bondade: tão maternal, tão meiga, e não tereis medo algum.

Evitai tomar nota daquilo que dais ao divino Mestre, de medir aquilo que vos falta. Lançai-vos, qual palha, qual pedaço de ferro ferrugento, nesse foco incandescente. E quão rapidamente vos haveis de purificar, de refazer, de abrasar, de incendiar!

Coragem! O mais belo sacrifício oferecido a Jesus é o eu; a mais bela homenagem, o coração; a mais bela coroa, a da flor matutina que se abre ao sol nascente e se fecha ao pôr-do-sol.

A melhor parte com Maria

Sede sempre toda de Nosso Senhor, a exemplo da Santíssima Virgem, como sua virgem e serva real. Ah! bem soubestes escolher a melhor parte! Quão belo em Pureza, quão bom em Bondade, quão santo em Amor é Aquele que é o Esposo e o Rei de vosso coração e a lei única de vossa vida! Sede sempre toda dele!

Lembrai-vos de que a serva está toda ao serviço do amo, servindo-o com alegria e dedicação.

Lembrai-vos de que a esposa está toda ao amor do divino Esposo, só procurando agradar-lhe e comprazer-se nele.

Vivei da divina Eucaristia, e para a divina Eucaristia, como os Anjos, que só vivem de Deus no Céu.

Amai-o bem, e servi regiamente a esse bom Rei, ao Esposo divino de vosso coração! Não é justo que ele tenha almas grandes aos olhos do mundo, almas a quem o século deseja seduzir?

Quisera ver-vos com a mais bela coroa do mundo, a mais bela fortuna nupcial; quisera ver-vos, como sois, toda de Jesus, serva ditosa, a esposa eterna do Rei de Amor. Jesus, vosso bom Mestre, tem tão poucas almas de escol, tão poucas servas régias! Deveis valer por mil, e vosso serviço por dez mil, pela piedade eucarística, ardente e generosa.

Diretamente a Jesus

A Eucaristia! – eis o vosso centro, a vossa vida, a vossa morte.

É o Emanuel pessoal, cuja companheira fiel deveis ser. Amai a vida só por causa da divina Eucaristia, como amamos o Céu por causa de Deus, e não pela nossa.

Que o Amor Divino seja para vós o critério da lei, da virtude, da caridade e sobretudo a balança do santuário para poderdes julgar, estimar, desprezar, desejar, combater, segundo a sua Graça de amor.

Esse bom Mestre vos quer sozinha, para não mais vos pertencer a vós, mas só a ele. Ele quer ser o meio, o bem, a direção de vossa vida, rumo a ele, e eis por que tudo quanto apeteceis como meio de edificação, de instrução, de socorros, vos falta. É perda insignificante, já que vos dirigis diretamente a Jesus e que todos os cuidados se unem, pois se concentram todos em seu Serviço divino, em seu Amor, em sua Vontade Divina.

Ambiciono-vos uma coisa, persuadido de que tanto a Glória de Deus como a vossa virtude haviam de lucrar: é que vos esqueçais a vos mesma, no amor de Nosso Senhor, e considereis como pouca coisa tudo quanto sofreis, tudo quanto dais. Mas sobretudo não sejais tão suscetível quanto ao amor sensível, à paz e à doçura do amor.

Há pobres a quem Deus alimenta sem esforço algum de sua parte, a quem dá o Paraíso, para que lhe digam sempre um grande obrigado, que vão ao Céu revestindo as aparências dos gozos e que, todavia, sofrem de tudo e por todos; que parecem nada fazer de bom, nem de valor, mas cujo coração é todo de Deus, cuja vontade é submissa, que amam pela força do amor, e não pela sua doçura e seus impulsos – almas belas que fazem o seu próprio purgatório, que são agradáveis a Deus, que se chegam sempre a ele por todos os tempos e em todos os lugares. Sede vós também assim.

Acreditai-me e aproximai-vos de Nosso Senhor qual pobre, paupérrima até, mas pobre querida, privilegiada, cuja única virtude é o reconhecimento, cujo único mérito é saber pedir e receber, querendo tudo dever, e sempre, ao seu benfeitor; aumentando a soma das dívidas, diária e alegremente, permanecendo insolvente, mas amorosa.

"Bem-aventurados os pobres! Deles é o Reino do Céu."
Garanto que o divino Mestre ama a semelhante estado.

Bela e divina sociedade de vida

Gozai de Deus, nunca, porém, das criaturas. Deus não o quer, nem vós tampouco. Gozai, pois, de Deus, das Graças recebidas, do Tabernáculo, de vosso boníssimo Mestre. Dele gozar e só a ele querer. Dele gozar é viver por ele e para ele aos seus pés, junto ao seu Coração, em sua divina Pessoa.

Aos seus pés, escutando-o qual Maria; é o Pão de Vida e de Inteligência, é a refeição da alma que reconforta o corpo; é a oração de silêncio, de simples olhar, de júbilo por estar sob a influência desse Sol divino.

Junto ao seu Coração, na Sagrada Comunhão, ou quando o coração sofre, ou a alma está triste. Embora Jesus pareça estar morto, o seu Coração não morre, e, até depois da morte, seu Sangue correu abundante.

Em sua divina Pessoa, Jesus disse: "Aquele que come a minha Carne permanece em mim e eu nele". Bela e divina sociedade de vida! Permanecer em Jesus, junto a Jesus, é ser-lhe a serva adoradora.

Ah! permanecei aos pés de Jesus, conforme vos quiser, vos colocar, vos formar; o estado de alma inspira o pensamento, a oração, o amor natural; é preciso guardar a personalidade em Presença de Deus. Ele muda o tempo para variar os trabalhos e os produtos da terra. Ora, a alma é a terra da Graça. Procurai estabilizar-vos no espírito do Amor Divino na variedade dos deveres, das ações e dos estados interiores.

Deus me ama – haverá algo de mais belo, de mais empolgante! Deus só deseja em tudo o meu bem, sou toda dele e não quero senão a ele: a minha miséria é o meu título; a minha pobreza, minha riqueza; minhas imperfeições, a necessidade que tenho de sua Graça.

Ponhamos isso em prática, e havemos de ver o Reino de Deus em nós.

O dom integral feito a Deus

Desejo-vos esse Reinado de Deus, o Reinado Eucarístico de Nosso Senhor. Notai bem que não digo a devoção, a virtude, o próprio amor, mas o Reinado, isto é, o dom integral feito a Deus, a esse bom Mestre, para ser-lhe objeto, campo, coração, vida e até morte. Esse dom de si é a única prova do verdadeiro amor; é tudo quanto Deus pede. "Filho, dá-me o teu coração", diz-nos ele. E ainda: "Amarás o Senhor teu Deus com todo o teu espírito, com todo o teu coração, com toda a tua alma, com todas as tuas forças". Eis o primeiro e o maior dos mandamentos que nos é toda a vida e todo o fim neste mundo e no outro.

É imprescindível alcançar esse ponto, porquanto, de outro modo, não passaríeis da lenha encostada ao fogo para secar, que pode fumegar, gemer, chorar, aquecer-se, mas nunca queimar, pois não está no foco, absorvido pelo seu poder. Coragem, bem sabeis que para acender a vela é preciso ir diretamente à chama, e não ao ar que a envolve.

Renovai diariamente esse dom integral de vós mesmo ao Amor e à Glória de Jesus Eucarístico, e vereis sempre surgir algo a imolar e a dar.

Ai de nós! Quão poucas almas eucarísticas pertencem assim inteiramente a Jesus Cristo! Queremos sempre mais alguma coisa ao lado de Jesus Cristo, ou fora dele, e daí a febre, a incerteza. É que Jesus Cristo não reina como Senhor único.

A Esposa do Coração Eucarístico

Quanto a vós, dai-vos toda ao divino Mestre sem reserva do interior; o exterior já lhe pertence há muito. Mas o dom interior de si mesmo é o dom genuíno, porque então Nosso Senhor é dono do campo a cultivar, da árvore a enxertar. É Salvador, porém na escolha das Graças de santificação pelo caminho do despojamento, primeiro, da renúncia, e, depois, da forma de vida segundo a sua Vontade.

Servi-vos de tudo como meio, não descanseis, porém, senão em Jesus. Cuidai de tudo qual serva, mas pertencei somente ao vosso único Mestre e Senhor, Jesus. Não vos esqueçais de que sois a esposa do Coração Eucarístico: e que vosso dote, bem como vosso ornato, é a pureza de coração. Sede, por conseguinte, bela de pureza, límpida de intenções, desinteressada nas ações, desapegada nos afetos. Sede livre na vida de amor, como o amor é livre e feliz em seu centro de ação. Não haja teias de aranha, nem febres de amor-próprio, nem mendicidades estéreis junto àqueles que nada vos podem dar. Tendes o Coração de Jesus, baste-vos isto; deixai passar as tempestades que nada produzem.

O sol não muda de natureza, embora nuvens passageiras possam velá-lo. Ah! nunca guardeis nuvens negras. Tais nuvens só vos podem ser prejudiciais, e, por serem negras, são más e provêm do demônio.

Sede de fogo

Bem sei que não podemos estar sempre na alegria do Céu, mas podemos estar sempre na obediência a Nosso Senhor e na paciência que aguarda a volta do sol, que não tardará.

O essencial é confirmar-vos bem na confiança em Deus, alimentar-vos de sua Verdade, dedicar-vos à sua

Glória pelo amor soberano, amando-o em tudo, por toda parte, acima de tudo!

Sede de fogo, primeiro sob as cinzas, todo concentrado em si mesmo, para acumular força de explosão. Sede depois qual chama que ilumina, que aquece e consome tudo em redor. Amamos muito pouco ao divino Mestre, e nosso amor é tão finito! É mister indenizá-lo, tornando-o conhecido, amado e servido. Se a Fé nos faz discípulos de Jesus, o Amor nos faz apóstolos.

O sofrimento

O caminho do justo é marginado por duas cercas: uma é a Graça, espargida cá e lá pela estrada, para servir de riacho, de pão e de força ao peregrino; a outra, é a Cruz de Nosso Senhor, que reveste todas as formas, mas é sempre cruz, e, à medida que progredimos, as cruzes tornam-se mais numerosas e freqüentemente mais cruciantes para a natureza; são, todavia, encimadas por um belo diadema, e nos anunciam a vizinhança do Paraíso.

Não, jamais houve felicidade na terra depois que Deus disse a Adão pecador: "Comerás o teu pão com o suor do rosto". Jamais a haverá para os discípulos de Jesus Cristo, e sim perseguições, cruzes a carregar, sacrifícios contínuos a fazer. Eis o que Jesus Cristo nos reserva neste mundo, eis com que já vos alimenta há muito tempo.

É preciso, pois, sofrer, e de todo lado e em todo lugar. É a semente do calvário espalhada sobre a terra; é o bastão de viagem do cristão, é-lhe a espada de combate, o cetro e a coroa. O Amor Divino parece penetrar sempre no coração por nova chaga, e lhe agrada ferir o coração e traspassá-lo pela chama celeste. Pois bem! Viva a Cruz de Deus! E vivam as criaturas que no-la dão ou que nos crucificam!

A Cruz vem de Deus

Viva a Cruz neste mundo! Mas a Cruz de Deus, aquela que nos vem de seu Coração de Pai.

O divino Mestre visita-nos algumas vezes com a graça do Calvário, mas também com a força do Amor. É bom ver esse Amor de Deus, adoçando-lhe a Cruz. Essa filha dileta do Céu, que é o sofrimento, tem de vir, senão havíamos de permanecer em nosso Tabor. Mas tudo passa célere. O sol é mais belo, uma vez passada a tempestade, ou dissipadas as nuvens que lhe tolhem o brilho.

Compenetrai-vos de que o estado de sofrimento vem sempre de Deus. É o estado que elege para o nosso maior bem, a fim de nos conceder alguma Graça de escol. Se, portanto, a mísera natureza sofre um instante, levantai-a, pelo santo abandono, mas não desanimeis. Deixai-vos crucificar sem dó na santa obediência e no amor de Nosso Senhor Jesus. Estimai-vos feliz de sofrer aquilo que o divino Mestre vos envia em seu santo Amor. Bendizei a Deus, já que, em sua Bondade, ele vos concede aquilo que há de mais precioso, de mais suave, a prova de seu Amor.

Uma parcela da Cruz de Nosso Senhor

Não alegueis que é um castigo. Não é castigo, é uma parcela da Cruz de Nosso Senhor. Se a Cruz nos toca, não devemos renegá-la em sua origem divina, mas recebê-la qual digna filha do Calvário, qual gota de Sangue do doce Salvador.

O divino Mestre estende-vos na Cruz, quer-vos, pois, crucificada com ele. Mas que diferença! A ele são inimigos que o cruciam, a vós, são suas mãos divinas, é seu Amor, a fim de poder dar-vos o preço de sua Morte e a glória de sua Cruz. Que felicidade sofrer por amor e para o Amor! Sabei sofrer por amor de Jesus. O amor que não sofre não merece o nome de amor.

Nosso Senhor só vos pede um exercício, um pensamento: permanecer unida ao seu Amor pela Cruz, pelo total abandono, pela santa pobreza dos meios e socorros exteriores. União bela e ditosa, que se realiza no holocausto.

Aplicai-vos, pois, e sempre, ao Amor de Jesus Crucificado, e nele encontrareis tesouros e delícias desconhecidas das almas que não ousam subir o monte Calvário. Jó, no monturo, era grande, e tinha mais majestade que no seu trono cintilante de ouro. Jesus era maior no Calvário que no Tabor. Querendo engrandecer o cristão, atrai-o a Si: "Quando me elevar da terra, atrairei tudo a mim". Quando fordes toda de Jesus, ele operará, se necessário for, milagres em vosso favor. Os Anjos serviram-no quando, após quarenta dias de jejum e de lutas, ele teve fome.

Ai de nós! Não contempleis a cruz natural do sofrimento, mas contemplai essa cruz em Nosso Senhor, e mudará de aspecto. Lembrai-vos de que a Cruz é Jesus vindo descansar um pouco junto a vós, a caminho do Calvário, e daí ao Céu.

Passar, glorificar a Deus e morrer, é uma bela divisa. E sob que emblema apresentá-la? Não conheço outro senão a Jesus Crucificado, ou a alma na Cruz com Jesus.

Florescências de santidade

Um dos principais fins do sofrimento, na intenção do Senhor que o envia, é purificar a alma, a fim de que, desapegada dos bens e dos gozos terrestres, se dê toda e cabalmente ao Amor Divino.

O sofrimento é, pois, a florescência da Santidade, porquanto sabeis que a videira geme antes de florescer, bem como a linda amendoeira.

É por isso que nosso bom Mestre irá sempre purificando o coração, para apegá-lo mais intimamente a si. Deixai-o operar à vontade. Ele não fará mais que arrancar as matérias estranhas misturadas ao ouro, purificando-o. Amai a Jesus em todos os estados de seu amor; e quando estiverdes triste, com a alma desolada, amai com Jesus desolado, mas amando sempre cada vez mais.

Ah! quem está crucificado com Jesus sofre, chora e alegra-se.

Chora, porque à natureza repugna o sofrimento e ela teme o Reinado de Deus. Se vier a gemer, se tiver medo, não será de estranhar, nem convém castigá-la demais, mas dizer com o real profeta: "Por que estás triste, ó minha alma, e por que estás perturbada? Espera em teu Deus que é tão bom!"

Mas ao mesmo tempo alegra-se, pois a Graça sabe apreciar o sofrimento, e o amor fá-lo amar e desejar, porque a essência do amor nesta vida está na imolação e na dor.

Como, porém, dificultamos a Deus afastar aquilo que lhe tolhe a Graça, aquilo que impede o Reinado de seu Amor em nós! Deixai-o operar livremente! Embora a faca do sacrifício corte profundamente, é para aniquilar-nos mais depressa a vil natureza.

A Graça dos sofrimentos

É pela cruz que vamos a Jesus, que nos unimos a Jesus e que vivemos de seu Amor. Grande Graça é a Graça dos sofrimentos, e grande virtude é saber sofrer a sós em seu Amor.

No Calvário não é possível perder-nos. Há só uma vereda que leva diretamente a Jesus, e é preciso trilhá-la sempre, só parando depois de lhe atingirmos o Coração. Sabei encontrar a Jesus na Cruz, e, melhor ainda, permanecer aos seus pés. Muito bem estamos onde o Amor Divino nos coloca, mas é mister portar-nos conforme Deus o quer.

A Cruz de Jesus, eis o vosso quinhão; mas seu Amor, eis a vossa força. Sede grande no amor, para sobrepujar as cruzes, mais forte que a própria morte. Ide a Nosso Senhor pelo coração e pelo abandono; é a estrada real da Eucaristia, mais curta, mais doce, mais nobre que qualquer outra.

Ah! não é quando Deus nos carrega, quando nos nutre de doçuras, quando nos faz partilhar os seus favores, que o nosso amor tem mérito, mas quando, como Jó, nossa alma o louva na adversidade; quando, como o Salvador, no Horto das Oliveiras, bebe o cálice oferecido e sofre com maior amor ainda todos os abandonos do Pai celeste. Então o amor é dadivoso e triunfante.

Sede muito fiel a essa Graça de imolação que Nosso Senhor vos renova cada dia; tornai-vos cordeiro com o Cordeiro de Deus; deixai-vos imolar como o Esposo divino de vosso coração: O Cordeiro divino é manso e humilde.

Sofrer e morrer por Deus

Quem deseja talhar uma pedra a fim de ornar um palácio não procura uma pedra defeituosa, calcinada, que se quebraria, inútil, aos primeiros golpes do canteiro. Quem procura um amigo, prova-o antes de abrir-lhe o coração. Não vos deveis, pois, admirar se Deus assim procede convosco. Que fazer? Julgar-se feliz por ter algo que oferecer a Deus, pois não é dado a todos seguir assim tão de perto a Nosso Senhor.

Lembrai-vos sempre da bela resposta de São João da Cruz, quando Nosso Senhor, a fim de recompensá-lo pelo seu grande amor, lhe perguntou: "Que Graças queres que te dê?" "Senhor, a Graça de sofrer e de ser desprezado por amor a vós", respondeu essa grande alma. Ah! amar a Deus é por ele sofrer; amá-lo muito, é querer sofrer muito; amá-lo, perfeitamente, é morrer por ele.

Morte ditosa que nos abre as portas da Bem-aventurança Eterna. Sabeis que São Paulo disse: *"Quoniam per multas tribulationes oportet nos intrare in regnum Dei"*. "É por muitas tribulações que havemos de entrar no Reino de Deus" (At 14,21 - Vulg.).

Tal a estrada do Céu, para quem sabe segui-la carregado da Cruz de Jesus. Levai cuidadosamente a vossa. O caminho não é longo, e o repouso é eterno; a crucifixão dura poucas horas, a glória que se lhe segue é eterna! E *Deus o quer*. Que estas palavras divinas vos sustentem, vos fortifiquem, vos consolem.

A semente da Glória

Examinai tudo, consultai a vontade, e sempre a resposta derradeira será que, para entrar no Céu, é mister sofrer na terra.

Fomos talhados para sofrer, porque fomos criados para o Céu de Jesus Crucificado. A semente da Glória é o sofrimento. Ora, como Nosso Senhor nos quer glorificar divina e eternamente, coloca-nos na necessidade de sofrer. Mas saibamos sofrer com amor, sofrer só com Deus só.

Quando o coração está inteiramente crucificado e a alma desolada, os outros nos devem julgar felizes e contentes. Oh! como Deus se alegra quando a alma lhe diz então, com tanto heroísmo: "Meu Deus, amo-vos acima de tudo!"

Que posso eu desejar-vos? O Céu, mais tarde, e já neste mundo, um maior amor a Deus: no sofrimento. É o caminho seguro, a via curta e perfeita, pela qual passaram todos os Santos, todas as almas favorecidas de Deus; é o martírio de cada dia a preparar-nos para o Céu.

A cruz é sempre pesada, sempre penosa à natureza, e não nos acostumamos ao sofrimento. Deus, no entanto, permite-o para tornar nossos méritos sempre maiores, renovando sempre os sacrifícios. Coragem! Em breve chegaremos à mansão de paz e de felicidade celestes. Deixemos os homens crucificarem-nos, mas fitemos os olhos no Céu, que é o nosso fim. Conquanto aí cheguemos sem demora, que importa tudo o mais e o alinhamento da estrada?... Digo mais, tanto mais preciosa será esta, quanto mais curta e segura for para nós levar ao termo.

No Céu a Cruz de Jesus é para ele cetro e trono de glória.

Não conteis os espinhos

Não vos deixeis abater, nem sequer perturbar pelas múltiplas tribulações que atravessais. São simples Graças e meios para unir-vos cada vez mais ao sumo Bem. Não vos demoreis a contemplar as flores do caminho, não conteis os espinhos, nem as pedrinhas da estrada; calcai-as rapidamente e vinde a Nosso Senhor, os pés ensangüentados, mas sem os mirar, sem vos queixar. Fortificai-vos bem no Amor de Jesus Cristo, e nas verdadeiras provas de seu Amor, que são a cruz, o desapego das criaturas, a imolação de si mesmo à sua maior Glória, e sentireis em vós nova vida, oceano de paz e necessidade de sofrer para dar algo ao Amor Divino, para lançar um pouco de lenha no fogo. Não contempleis o tempo, nem as nuvens, pois nada faríeis de estável; mas ide além, junto ao sol que não muda de lugar, que dá simplesmente luz e calor a tudo o que gravita em torno dele. Recebei as cruzes como mudanças de tempo, e conservai-vos em paz com a Graça de Deus. Quão forte e feliz é a alma que se fixa assim em Deus.

Beijar a Cruz

O sofrimento que, na intenção de Deus, se destinava a purificar-nos, a santificar-nos, a aproximar-nos dele, a levar-nos ao Céu, produz infelizmente, muitas vezes, efeito todo contrário. É que não sabemos sofrer.

Quando a cruz vier abater-se sobre nós, quando os espinhos nos ferirem a testa, não devemos morder nem a cruz nem os espinhos, mas beijá-los, pois trazem a Jesus Cristo, nosso divino Mestre. É preciso saber elevar-se acima das tempestades e da tormenta, submeter-se a Deus humildemente, confiar-se a ele; é preciso ter paciência e esperar o sol de justiça, porquanto a vida do homem é uma vida passageira, cheia de provações e de mudanças; feliz de quem coloca a virtude acima das tempestades e das tormentas que lhe irrompem aos pés.

É preciso sobretudo descansar a sombra da árvore de vida do Calvário, sobre o Peito ardente do Salvador, e procurar viver mais dele, para ele e só nele. É preciso conservar-se ainda mais unido a Deus, à sua Santa Cruz, e aguardar amorosamente a hora divina. Bem sei que, quando estamos sobre a cruz, no meio das dores da crucifixão, fica-nos apenas um pensamento, um sentimento, o pensamento e o sentimento do sacrifício; tudo sofre então, tudo se torna em sofrimento, tudo aumenta as provações. Coragem! É mister amar a Jesus na Cruz até a morte, até a sepultura, até a ressurreição, até a ascensão triunfante.

Na tormenta

Quando queremos nadar na tormenta, procuramos conservar a cabeça fora da água e fechar os olhos ao defrontar a onda. Guardai sempre o coração na submissão divina; fechai os olhos para não ver os horrores do mar e clamai a Deus, que seguramente virá em socorro. Depois, quando tudo está sofrendo, quando tudo faz sofrer, agradecei a Deus que vos purifica e santifica por meio das criaturas, e vos faz reparar por vós e pelos outros.

Mas o essencial, que nada deve arrefecer, é obrar na Fé pura em relação à Misericórdia, à Bondade e ao Poder de Deus; é servi-lo nobremente por ele mesmo, pela sua Vontade e sua Glória, pela abnegação do bem-estar e do contentamento próprio, da doçura do seu serviço, de suas doces consolações, dessa segurança tão suave de que ele nos ama com amor de satisfação.

O bom sofrimento

Alegais não amar o sofrimento. Tampouco o amaram os Santos de modo natural. Mas tende confiança; o sofrimento que geme, que luta no velho homem, é muitas vezes o mais perfeito. Depois façamos como os pobres doentes; recolhamos as lágrimas, os gemidos, os suspiros, e lancemo-los aos pés de Nosso Senhor, a fim de oferecê-los ainda como homenagem e reparação de amor; é o amor do pobre. Quem sofre não tem coragem de raciocinar, ou rezar, mas pode bendizer a Deus e honrá-lo de modo mais perfeito pela submissão à sua santa e sempre amável Vontade. Vamos! Fitemos os olhos no Céu eterno e tão divino que Jesus nos dá. Tenhamos coragem e confiança, pois no Céu muito nos regozijaremos de ter sofrido algo por amor do Senhor Jesus.

Ó Céu radiante, já começo a desejar-te, não para deixar de sofrer, mas a fim de amar perfeitamente a Deus. Meu Deus! Não: o sofrimento é coisa bela! Sobretudo quando é misterioso, oculto, e se vela sob as aparências do contentamento. Bom sofrimento, que nos desapega de nós mesmos e nos imola ao puro Amor de Jesus.

Coragem, o tempo esta passando, o Céu se aproximando e também Deus em seu eterno Amor.

Nas provações espirituais

Entre os sofrimentos que enchem a vida, e que concorrem para que não nos apeguemos a ela, senão como meio de nos levar ao Céu, há alguns que são especialmente penosos: são as provações espirituais. Tristezas de coração, de consciência e de devoção, eis o pão cotidiano das almas: que querem ficar a sós com Cristo em Deus.

Ora, quem quiser seguir uma vereda mais interior, por meio da oração e de uma vida mais escondida com Deus, deve contar com repetidos sofrimentos interiores. A alma, tornando-se mais delicada, sente vivamente a ausência sensível de Deus, e Deus, tornando-se mais íntimo e mais amigo da alma, faz-lhe logo perceber as infidelidades, a fim de chamá-la novamente ao dever.

Delicadezas da amizade

E Deus também, muitas vezes, reserva-se esse segredo para conservar a alma no mistério da obediência e na imolação plena da razão. A alma purifica-se nesse estado cruciante de tudo quanto nela é demasiado natural. Então a paz interior da consciência já não repousa em atos, ou no testemunho interior da consciência, mas no ato de Fé à obediência cega.

Nem convém, tampouco, que o caminho da terra da promissão seja demasiadamente belo e agradável para que não nos apeguemos ao deserto e ao caminho.

Nosso Senhor ama-nos demais para deixar-nos encontrar felicidade fora dele e sem ele. A existência seria natural demais, se nos fosse dado a simpatia de vida.

Deixai, pois, Nosso Senhor operar, e segui-o com reconhecimento.

O soldado revela-se no campo de batalha, o gênio na obra, a verdadeira piedade na provação.

Quisesse eu a vossa alma de modo natural, e pediria ardentemente a Deus que vos afastasse todas as cruzes e tristezas, e que vos fizesse sair de vós mesmo; não posso, porém, maldizer o vento propício que dirige a vela ao porto abençoado de Deus: o navio, embora mais agitado, vai mais célere.

Calma e paciência

Em momento de provação, de sofrimento, de tentações de revolta, de irritação, entregai cuidadosamente a alma à Virgem Santíssima, vossa Mãe, a Jesus, vosso doce Salvador. Basta isso, repetindo com o profeta: "Senhor, sofro violência, respondei por mim". Aplicai-vos como única consolação humana, ao silêncio no que vos diz respeito, à doçura exterior, a fim de prender os inimigos, e ide sempre para a frente, pois ninguém examina o fogo, mas dele foge.

Tomai cuidadosamente o coração nas duas mãos, a fim de guardá-lo na paz do Senhor, mas ponde a paz na guerra, na pobreza, na paciência em suportar a pobreza espiritual.

Fazei mais ainda, e agradecei a Deus com amor, porque ele quer provar-vos a Fé, purifica-vos a caridade, aperfeiçoar-vos a confiança, forçar-vos a permanecer nele, e não nos meios. Amai o sofrimento que Deus vos envia, mas nele não demoreis, e sim na paciência, na submissão, na oferta, no abandono, que são as virtudes do estado padecente.

Sem interesse próprio

Se Nosso Senhor vos deixa fria, seca, estéril, sem consolações, deveis confessar que não as mereceis; tais consolações, em verdade, não vos fariam bem, pois havíeis de julgar-vos mais interior, mais virtuosa do que na verdade sois. Convém lembrar-vos disto.

O bom Mestre quer provar-vos a fé e a generosidade, e saber se o amareis e trabalhareis por puro amor, sem interesse próprio. Então, se o amardes fielmente, o seu divino Coração se alegrará, contente de encontrar uma alma a velar com ele no Horto das Oliveiras, no Jardim do puro amor!

O que vos causa, porém, maior pesar são as meditações, acompanhadas de aridez e de sonolência; é a frieza das Comunhões.

Continuai-as, no entanto, sempre, e, um belo dia, Nosso Senhor, satisfeito com vossa paciência em aguardá-lo, transformará essas nuvens em chuva benfazeja.

Quando estiverdes nesse estado de impotência, em vez de querer refletir e considerar as verdades, produzi antes atos das virtudes de fé, de confiança, de humildade, de amor, como se fôsseis muito feliz.

Quanto mais frios forem os atos, quanto mais secos, tanto mais perfeitos serão, porque estarão livres pelo menos de todo vestígio de amor-próprio.

Conviria talvez escolher, nesses estados de esterilidade, um capítulo da *Imitação* de acordo com as disposições atuais e lê-lo pausadamente para que vos penetrem docemente na alma. Experimentai-o na meditação.

Quanto à Sagrada Comunhão, recitai os atos, quando não puderdes fazer de melhor; não haja, porém, esforço mental, violência de coração; isso só serviria para agitar, para cansar a alma e tirá-la desse estado de paz e de recolhimento que é preferível a tudo.

Servir a Deus por Deus só

Continuai a servir a Deus só por ele, pela fidelidade da dedicação amorosa. Se não vos forem dadas consolações, tendes, no entanto, aquilo que vale mais, a força e a paz da confiança em Deus. Guardai a todo preço estes dois bens, pois pairam acima das ondas do mar e das nuvens da terra. Que o serviço de Deus tenha preferência sobre os gostos pessoais. Que a fidelidade em cumprir com sua Santa Vontade vos seja a primeira de todas as virtudes, o ato primeiro da Caridade divina. Não vos esqueçais de que o amor do Horto das Oliveiras e do Calvário supera a glória do Tabor; que permanecer fiel a Jesus triste, solitário, abandonado, é próprio das almas perfeitas, da Santíssima Virgem, de São João, de Santa Maria Madalena.

Não vos surpreendam a secura e a aridez espirituais; é o deserto da terra da promissão, a fornalha de purificação, o caminho da libertação do mundo, o combate e o grito da alma exclamando: "Ó meu Jesus, só vós sois Bom, e o Bem de minha alma, e a Vida de minha vida".

Apraz a Deus lançar a alma num abismo misterioso, a fim de desapegá-la de tudo e apegá-la mais puramente a si. Nessa prensa a alma agoniza, é verdade, mas para revestir-se de uma vida nova. Deus fá-la desgostar-se de tudo, para que se apegue a ele mais fortemente. Mostra-lhe o vazio de tudo o que não é ele.

À natureza, diziam os antigos, repugna o vácuo. Deus, todavia, ama o vácuo do coração, e suscita-o quando não existe. Imenso em seu Amor, quer sê-lo igualmente em seu reinado em nossa alma, envolvendo-a no Infinito divino, enchendo-a de Amor divino; eis por que cria esse vácuo em vós. É, de uma vez, lição e Graça. Mas guardai-vos da tristeza e da irritação interiores que acompanham e se seguem, de ordinário, ao despojamento da alma; porque seria expor-vos às mais penosas, às mais perniciosas tentações. A operação divina recorre de leve a tais meios, mas não os deveis cultivar nem alimentar, a ponto de constituir um estado. Guardai-vos disso como da morte, ou antes, sofrei-o como sofreríeis uma dor operatória.

Não alimenteis a febre com o receio ou a tristeza, mas deixai-a cair de inanição, e tudo irá bem.

Meu Deus e meu tudo

Nos momentos de indizível dor, fazei a Nosso Senhor a oferta de vós mesmo e dizei-lhe: "Eu sofro, eu morro, mas que me importa isso, se meu coração e minha vida vos pertencem; amar-vos-ei mais que meu pesar e minha tristeza", e então vereis surgir em vossa frente um novo horizonte de esperança e de amor. É mister que o céu do espírito esteja sempre sereno para ver e contemplar a lei da vida, a Verdade e a Bondade de Deus.

Não é exato que quem possui a Deus possui tudo? Deus substitui a tudo de modo infinito. É pai, mãe, amigo, protetor, consolador. "Meu Deus e meu tudo!", gostava de repetir São Francisco de Assis.

Sim, agarrai-vos à confiança e ao santo abandono; é a cadeia que não se rompe, o sol que não se eclipsa, a verdadeira vida do coração.

Nas tentações

Quanto às tentações, ocultai-as sempre numa das Chagas de Nosso Senhor e amável Salvador. E, em plena tempestade, ocultai-vos no buraco da pedra preciosa, isto é, em Nosso Senhor Crucificado. Não examineis os efeitos ou as razões das tentações, mas ide sempre adiante, pois careceis de ficar sempre na miséria da humilhação e no declive rápido de vossa fraqueza. Deus está convosco, eis vossa consolação, vossa força.

Fazei um ato de obediência, e não raciocineis com pesares, não examineis as perturbações, contentai-vos em dizer a Deus: "Ó meu Jesus, perdoai-me tudo o que vos desagradou, pois antes quero a morte que o pecado". Depois, descansai em paz no seio da Misericórdia Divina. Sereis mais agradável a Deus se não vos voltardes a contemplar Sodoma e Gomorra incendiadas, mas se contemplardes a Cruz e o Amor de Jesus, que vos precedem, e depois o Céu, termo da viagem.

Jesus, que não veio para romper o caniço vergado, sustenta-o, e, se permitir ao vento agitá-lo e dobrá-lo para a terra, o deixará erguer novamente a cabeça ao céu. O demônio tentou também o divino Mestre; apareceu-lhe revestindo diversas formas, e fez mais ainda, teve a ousadia de levar a Jesus, que se sujeitou, para depois repeli-lo com poucas palavras, sem perder a calma e sem recorrer ao milagre.

Depois de ter acompanhado Jesus ao Tabor, ao Horto, ao Calvário, é preciso ainda participar de suas tentações. Tende confiança. Jesus enfrenta os demônios e modera-lhes o furor; está em vós para convosco combater. Na verdade, o demônio não está só; a imaginação, o coração, o corpo, tudo se liga a ele contra a pobre alma. Não vos perturbeis. No auge do tumulto popular é inútil raciocinar, ou gritar para apaziguar o povo. O melhor é deixá-lo gritar, pois em breve se cansará, e depois se envergonhará. O demônio inspira menor medo quando tenta de maneira sensível. Coragem! Passado o primeiro susto, tranqüilizai-vos e conservai-vos bem pequenina junto ao Coração do divino Mestre, qual criancinha amedrontada no regaço materno.

Em paz no meio da guerra

Se vos fosse possível prestar menos atenção ao ruído interior, a tão variadas impressões, e viver em paz na guerra, seria deveras consolador. Lembrai-vos de que Nosso Senhor vos quer em tal estado e que nele lhe rendeis maior glória do que em qualquer outro, sendo que vossas mesmas misérias e infidelidades se podem tornar uma bela matéria de confiança em sua Bondade.

A tempestade purifica a atmosfera, mas é passageira, e o sol surge em seguida mais belo e mais brilhante. Os suspiros, os gemidos, as lágrimas de um coração que só a Jesus ama são muito doces na expansão da reciprocidade do Amor Divino; as humilhações e os sofrimentos aliviam a impotência do pobre coração, o martírio ser-lhe-ia felicidade. Mas acreditais que os gemidos e as lágrimas de Madalena, junto ao túmulo do Salvador, que a agonia de Maria aos pés de seu Jesus expirando na Cruz, não resultaram de um amor mais heróico? E o Amor de Jesus tão bom e tão terno, sofrendo sozinho e abandonado por seu Pai e pelos homens, não terá sido o derradeiro grau do amor que sofre e se imola todo inteiro? Ah! viva Jesus, viva a sua Cruz!

É verdade que Jesus se queixou ao Pai: "Meu Pai, por que me abandonastes?" Pois bem! Podeis queixarvos também, mas amorosamente, e depois do combate: é o grito do amor imolado. Quando o inimigo de Jesus e de nossa salvação vos atacar furiosamente, deveis humilhar-vos mais que o próprio demônio, dizendo a Nosso Senhor: "Ai de mim, vós não lhe concedestes as mesmas Graças que a mim; ele não tem Salvador, e eu tenho um que é também Pai; ele só vos ofendeu uma vez, eu fui ingrato, e infiel, milhares de vezes; é, pois, muito justo que ele seja o executor de vossa Justiça. Ó meu Pai, eu me abismo no nada, mas vós sois Pai, não me abandoneis; dai-me a mão e conduzi-me; minha vontade e meu coração pertencem a vós, à vossa Justiça".

No Coração de Jesus

Que o Coração ardente de Amor de Jesus vos seja força, asilo, centro e calvário, que seja o túmulo do vosso ser, e depois a ressurreição, a vida, a glória.

Deus não vos há de abandonar, mas ele quer que o honreis no abandono e nos horrores das trevas, horrores esses que constituem o suplício do inferno; mas nesta vida é a Glória de Deus e sua Misericórdia que triunfam dos demônios. As desolações interiores agradam mais ao Coração de vosso Esposo divino que todos os gozos e todas as luzes do Tabor.

Se habitásseis além das nuvens e das tempestades, defrontando sempre um sol radiante, pouca atenção daríeis aos ventos e às neblinas rasteiras! Deixai, pois, que Nosso Senhor faça o que bem quiser, e segui-o cheio de amor e de gratidão por tudo.

Coragem! Tende o coração sempre ao alto, sempre contente; que o espírito seja leve para carregar as tristezas, cantando o amor do tempo e da Pátria eterna.

Índice

Introdução 5
Prefácio 6

SEÇÃO I
DIRETÓRIO DOS AGREGADOS DO SANTÍSSIMO SACRAMENTO

PARTE I
DOS DEVERES PARA COM A SANTÍSSIMA EUCARISTIA

CAPÍTULO I
Do amor eucarístico 10

Artigo I
O amor, princípio da vida 11

Artigo II
O amor, centro da vida 35

Artigo III
O amor, fim do adorador 42
   A Eucaristia, fim dos dons e das graças 43
   A Eucaristia fim da piedade cristã 44
   A Eucaristia, fim das virtudes cristãs e religiosas 45

A Eucaristia, fim do zelo cristão 49
A Eucaristia, paixão nobre do coração 50

CAPÍTULO II
Do serviço e do culto eucarístico 51

Artigo I
Natureza e qualidades do serviço eucarístico 51

Artigo II 55
Do Serviço de Adoração 55
   Grandeza e excelência do Serviço de Adoração .. 55
   Do exercício de adoração 59
   Modelos de adoração 66

Artigo III
Da Santa Missa 70

Artigo IV
Da Sagrada Comunhão 71

Artigo V
Do culto eucarístico 75
   As festas eucarísticas 79

CAPÍTULO III
Das obras eucarísticas 81
   Os paramentos do culto 81
   A luminária 83
   A Primeira Comunhão de adultos 85
   O santo Viático 86

PARTE II
DA DEVOÇÃO A MARIA, RAINHA DO CENÁCULO

CAPÍTULO I
Maria adoradora 89

CAPÍTULO II
Vida eucarística de Maria no Cenáculo 94
Vida escondida 95
Vida interior 96
Vida sacrificada 98

CAPÍTULO III
Maria, apóstola da glória de Jesus 99

PARTE III
DA DEVOÇÃO À SANTA IGREJA

PARTE IV
DA VIDA INTERIOR

CAPÍTULO I
Meios de desenvolver a vida interior 111

CAPÍTULO II
Espírito da vida interior 113
Adoração 114
Ação de graças 115
Propiciação 117
Impetração 120

PARTE V
DOS DEVERES DE ESTADO E DE SOCIEDADE

CAPÍTULO I
Deveres gerais 123

CAPÍTULO II
Deveres particulares a certas classes de pessoas 125

Artigo I
Deveres dos agregados pais de família 125
   § 1. *Deveres para com a família* 125
   Deveres de esposo 125
   Deveres de pai 126
   Deveres de patrão 130
   § II. *Deveres para com a sociedade* 131
   Funções de estado 131
   Relações de negócios 132
   Ligações de amizade 134

Artigo II
Deveres das agregadas mães de família 135
   § 1. *Deveres para com a família.* 135
   Estimar seu estado 135
   Servir sua família 136
   Santificar sua família 139
   § II. *Deveres das agregadas em suas relações*
      com o próximo 141
   Relações de parentesco 141
   Relações de amizade 141
   Relações de sociedade 142

Artigo III
Deveres dos jovens agregados 144
   Escolha de estado 146

TEMAS DE ADORAÇÃO EXPOSTOS SEGUNDO
   O MÉTODO INDICADO NO DIRETÓRIO 149
Jesus no Santíssimo Sacramento 149
   Perante quem estou eu? 149
   Para quem está Jesus no Santíssimo Sacramento? 151
   Por que está Jesus no Santíssimo Sacramento? .. 151
   Que quer Jesus de mim em troca? 153

Jesus, Deus conosco 154
Jesus, Deus de Bondade 154
Jesus, Deus oculto 155
Jesus Salvador 156
Jesus, o Emanuel 157
   Consideração 157
   Afetos 158
A Instituição da Eucaristia 159
   Consideração 159
   Afetos 160

SEÇÃO II
CONSELHOS DE VIDA ESPIRITUAL EXTRAÍDOS DAS CARTAS DE SÃO PEDRO JULIÃO EYMARD

Amor de Deus 161
   O livro do amor divino 161
   O Reino de Deus está em nós 163
   Só Deus merece o nosso coração 164
   Amor de abnegação 164
   O amor divino é um lagar 166
   Sacramento de Amor 167
   Para ser sobrenaturais 168
A Sagrada Comunhão 169
   Comungai todos os dias 169
   Festim de família 170
   Comunhão do enfermo 170
   Comungai porque sois fraca 172
   Fim essencial da Comunhão 173
   Verdadeiro progresso 174
Vida de união a Deus 174
   Dar o coração e o espírito 175

Alimentai-vos de Nosso Senhor 176
Cultivai o santo recolhimento 177
Vida em Deus, com Deus 179
A raiz é a vida da árvore 181
Verdadeira atividade espiritual 181
Dificuldades da vida interior 183
Como permanecer em Nosso Senhor 184
Regulamento de vida 185
Oração 186
Sede uma alma de oração 187
Meio infalível de santidade 188
Para orar bem 188
Resoluções positivas 190
Contemplação deliciosa 191
Conversai com Deus 192
A Santa Vontade de Deus 194
Qual filho nos braços da mãe 194
Dormi em paz, Deus vela 195
O mais belo triunfo do amor 197
Como Deus o quer 198
Só vós, Senhor, sois Bom 199
A regra soberana da vida 200
Apegar-se somente a Deus 200
Renunciar à própria vontade 201
Resposta a uma dificuldade 203
Fomentar a vida interior 204
O Céu na terra 205
Confiança e abandono 206
Salários do amor divino 206
Lei do dever 208
Dai a mão a Deus 208
Paz na confiança em Deus 210

  Entregai-vos a Deus de momento em momento ... 211
  Sob os raios do Amor Divino 211
  Deixai-vos levar pelo bom Mestre 212
  Sempre atenta à Vontade Divina 213
Renúncia a si mesmo 214
  Sem mortificação não há virtude 214
  Como chegar ao Amor Divino 215
  Total esquecimento de si mesmo 216
  Deus é bom jardineiro 217
  A lenha do fogo divino 218
  Estrada real 219
  Amor do próximo 219
Tudo por Deus 220
  Para ser todo de Deus 221
  Sem reserva nem divisão 222
  A melhor parte com Maria 223
  Diretamente a Jesus 224
  Bela e divina sociedade de vida 225
  O dom integral feito a Deus 226
  A Esposa do Coração Eucarístico 227
  Sede de fogo 228
O sofrimento 229
  A Cruz vem de Deus 230
  Uma parcela da Cruz de Nosso Senhor 230
  Florescências de santidade 232
  A Graça dos sofrimentos 233
  Sofrer e morrer por Deus 234
  A semente da Glória 235
  Não conteis os espinhos 236
  Beijar a Cruz 236
  Na tormenta 237
  O bom sofrimento 238

Nas provações espirituais 239
  Delicadezas da amizade 239
  Calma e paciência 240
  Sem interesse próprio 241
  Servir a Deus por Deus só 242
  Meu Deus e meu tudo 243
  Nas tentações 244
  Em paz no meio da guerra 245
  No Coração de Jesus 247

Fons Sapientiae

Distribuidora Loyola de Livros Ltda.
Rua Lopes Coutinho, 74 - Belenzinho
03054-010 São Paulo
Tel.: (11) 3322-0100
www.distribuidoraloyola.com.br